TopoGuides®

L'île de La Réunion

AVEC L'APPUI TECHNIQUE
DU COMITÉ DE RANDONNÉE PÉDESTRE
DE LA RÉUNION ET DE SES BÉNÉVOLES

FFRandonnée
les chemins, une richesse partagée
www.ffrandonnee.fr

L'ENCLOS DU VOLCAN DE LA FOURNAISE / PHOTO

Sommaire

- Comment utiliser ce guide ? 4
- Infos pratiques 6
- Découvrir l'île de La Réunion 23
- **GR® R1** (en 6 étapes) 44 à 69
- **GR® R2** (en 12 étapes) 70 à 141
- **GR® R3** (en 5 étapes) 142 à 157
- Index géographique 160
- Index thématique 160

INFOS PRATIQUES

Comment utiliser ce guide GR® ?

En deuxième de couverture, le plan permet de découper sa randonnée en tenant compte des hébergements et du relief.

POUR COMPRENDRE LA CARTE

Les courbes de niveau
Chaque courbe est une ligne (figurée en orange) qui joint tous les points d'une même altitude. Plus les courbes sont **serrées** sur la carte, plus le terrain est **pentu**. À l'inverse, les courbes **espacées** indiquent une pente **douce**.

Route	
Chemin	
Sentier	
Voie ferrée, gare	
Ligne à haute tension	
Cours d'eau	
Nappe d'eau permanente	
Source, fontaine	
Pont	
Eglise	
Chapelle, oratoire	
Calvaire	
Cimetière	
Château	
Fort	
Ruines	
Dolmen, menhir	
Point de vue	

D'après la légende de la carte au 1 : 50 000.

Les sentiers de **Grande Randonnée®** décrits dans ce **TopoGuide** sont tracés **en rouge** sur la carte au 1 : 25 000 (1 cm = 250 m).

Autres sentiers de **Grande Randonnée®** dans la région

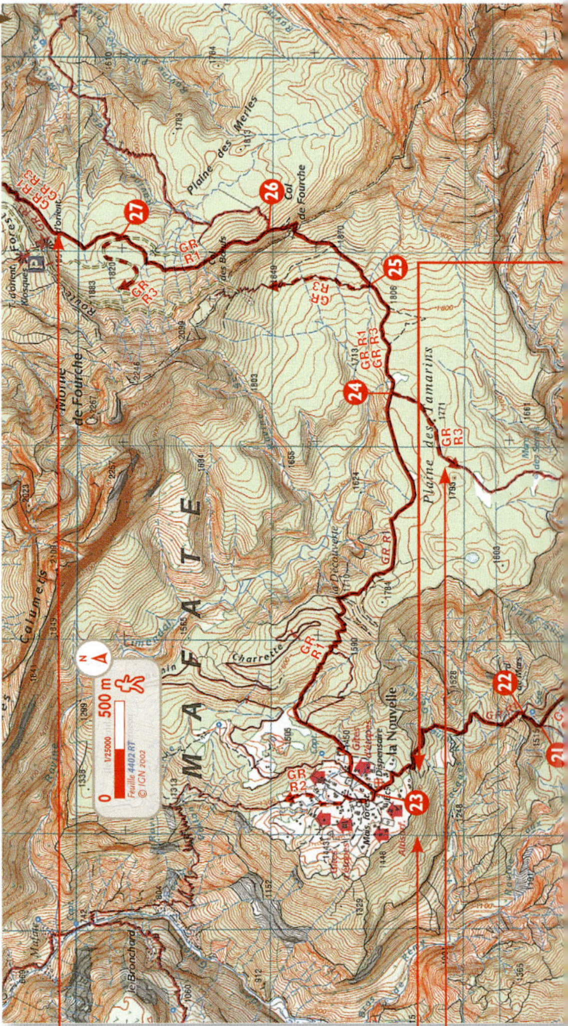

Situation géographique sur le sentier **GR®** (descriptif indiqué p. de droite)

• L'ÎLE DE LA RÉUNION

Découverte de la nature et du patrimoine

L'accès est un itinéraire balisé, qui permet de rejoindre un site exceptionnel.

Accès — aller : 2 h — retour : 1 h 30 — GR®R2

Accès au piton des Neiges

Le GR® est découpé en étapes.

Étape n°5 / p. 62 à 65 — aller : 4 h 15 — retour : 5 h — GR® R1

De La Nouvelle au Bélier

Altitude la plus basse (en blanc), altitude la plus haute (en noir), dénivelées positives et négatives cumulées (en rouge).

⚠ > Après La Nouvelle, il n'existe plus aucun point d'eau jusqu'au village du Bélier.

De La Nouvelle à la plaine des Tamarins — 1 h 20

23 En quittant La Nouvelle rester bien sur le sentier principal sentier GR®. De multiples intersections jalonnent l'itinéraire vers de nombreux points de vue *(ne pas en tenir compte)*. La plaine des Tamarins (1 765 m) atteinte, l'itinéraire chemine dans une tamarinaie aux troncs modelés par l'âge et les cyclones successifs.

> Jonction avec le sentier GR® R3.

Autres itinéraires GR®.

De la plaine des Tamarins au col de Fourche — 45 mn

24 À la plaine des Tamarins, monter en face en direction du col de Fourche par un sentier aménagé de rondins. Arriver à une intersection.

> Séparation avec le sentier GR® R3.

25 Attention à ne pas suivre à gauche le sentier GR® R3 dans un tournant discret qui mène au col des Bœufs, mais démarrer tout droit l'ascension en direction du col de Fourche (1 942 m).

👁 > Du col, vue surplombante sur les cirques de Mafate et de Salazie. Une statue de la Vierge veille d'un petit promontoire.

Descriptif du bandeau :
▪ L'étape de… à
▫ Temps de marche
▪ Couleur du balisage

👁 Curiosités touristiques, monuments, etc. à découvrir durant l'étape.

UN PEU D'HISTOIRE
LA NOUVELLE

Cet îlet, le plus peuplé de Mafate (150 habitants en 2000) et le plus accessible, aller-retour dans la journée par le col des Bœufs, reçoit en permanence la visite de randonneurs. La Nouvelle est en quelque sorte la « capitale » de Mafate, peuplée à l'origine de colons venus de Saint-André au cours du XIXe siècle. La prospérité vint au début du XXe siècle avec l'élevage de bœufs et de moutons.

Vers 1950, la vie de cet écart est marquée par un déclin relatif entraînant l'exode de sa population. Mais aujourd'hui, La Nouvelle fait preuve d'un réel dynamisme. L'îlet, producteur d'essence de géranium, cultive aussi des lentilles, du maïs, des haricots pour l'approvisionnement, insuffisants pour les tables d'hôtes ; et pratique l'élevage bovin sur la plaine des Tamarins.

VUE SUR LA NOUVELLE, MARLA ET LE COL DU TAÏBIT / PHOTO J.L.

GR®R1 • Étape 5 • 63

Itinéraires Hors GR® :
▫ Temps de marche
▪ Couleur du balisage s'il y a lieu
🏠 ☕ Ressources disponibles (voir tableaux p. 17-18)

Le **Hors GR®** *est un itinéraire, généralement **non balisé**, qui permet de rejoindre un hébergement, un moyen de transport, un point de ravitaillement. Il est indiqué en tirets sur la carte.*

Situation sur la carte (indiquée p. de gauche), avec descriptif détaillé du sentier de **GR®**

Découverte de la nature, de l'histoire et du patrimoine de l'île au fil de la randonnée.

COMMENT UTILISER CE GUIDE

INFOS PRATIQUES • 5

INFOS PRATIQUES

Itinéraires et randonnées

SUGGESTIONS DE RANDONNÉES

LES ITINÉRAIRES DÉCRITS

GR® R1 > *Tour du piton des Neiges* : 6 jours.
GR® R2 > *Traversée de La Réunion du nord au sud sauvage* : 12 jours.
GR® R3 > *Tour de Mafate* : 5 jours.

Accès à des sites d'exception > le sommet de la Roche Écrite, le sommet du piton des Neiges et l'accès au piton de la Fournaise.

LE BALISAGE DES SENTIERS

Les sentiers **GR®** R1, R2 et R3 sont balisés en blanc et rouge. Les accès à la Roche Écrite, au piton des Neiges et au piton de la Fournaise sont balisés en blanc. Des panneaux mis en place par l'ONF en différents endroits donnent des indications sur l'itinéraire et la direction.

SIX RANDONNÉES DE 1 à 4 JOURS

La Roche Écrite	1 jour
Au départ de Mamode Camp (parking), ascension de la Roche Écrite (p. 79, 81)	A/R : 7 h

La forêt de Bélouve	1 jour
Au départ de Hell-Bourg, monter jusqu'au point de vue situé un peu après le gîte de Bélouve (p. 47)	A/R : 4 h 30

Le piton des Neiges	2 jours
1er jour : de Cilaos au refuge de la Caverne Dufour (p. 107)	5 h 30
2e jour : du refuge de la Caverne Dufour au sommet du piton des Neiges (p.109)	2 h
Du sommet à Cilaos (p.109)	5 h 30

L'îlet à Malheur	2 jours
1er jour : du parking de la route forestière 13 (Haut-Mafate, col des Bœufs) à l'îlet à Malheur (p. 157)	4 h
2e jour : de l'îlet à Malheur au parking de la RF 13 (p. 157)	5 h

Le piton de la Fournaise	3 jours
1er jour : de Bourg-Murat au gîte du Volcan (p. 119 à 123)	5 h 30
2e jour : ascension du piton de la Fournaise et retour au gîte du Volcan (p. 125)	5 h
3e jour : du gîte du Volcan à Bourg-Murat (p. 119 à 123)	5 h

Le sud du cirque de Mafate	4 jours
1er jour GR® R3 : du parking de la route forestière 13 à Marla (p. 145, 103) (en extension possible, ascension du col du Taïbit, + 2 h A/R)	2 h 10
2e jour GR® R3 : de Marla à Roche Plate (p. 146 à 149)	5 h
3e jour GR® R2 : de Roche Plate à La Nouvelle (p. 99)	4 h 20
4e jour GR® R3 et R1 : de La Nouvelle au parking de la RF 13 (p. 101, 145)	3 h

INFOS PRATIQUES

Suivez les balisages de la FFRandonnée

LES TYPES DE BALISAGE

Type d'itinéraires			

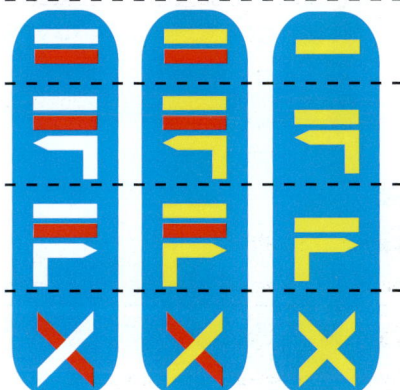

Bonne direction			
Tourner à gauche			
Tourner à droite			
Mauvaise direction			

1 Grande Randonnée / **2** Grande Randonnée de Pays / **3** Promenade & Randonnée

MARQUAGES DES BALISAGES

Le jalonnement des sentiers consiste en marques de peinture sur les arbres, les rochers, les murs, les poteaux. Leur fréquence est fonction du terrain.

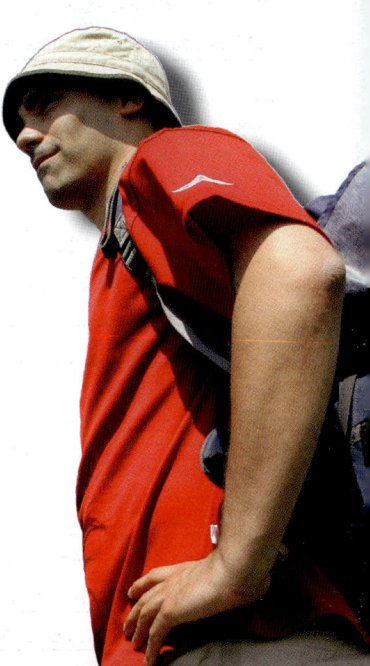

Les baliseurs-collecteurs : savoir-faire et disponibilité

Pour cheminer sereinement, 8 500 bénévoles passionnés s'activent toute l'année, garants d'un réseau de 180 000 kilomètres d'itinéraires, sélectionnés et aménagés selon des critères de qualité.

BIEN PRÉPARER SA RANDONNÉE

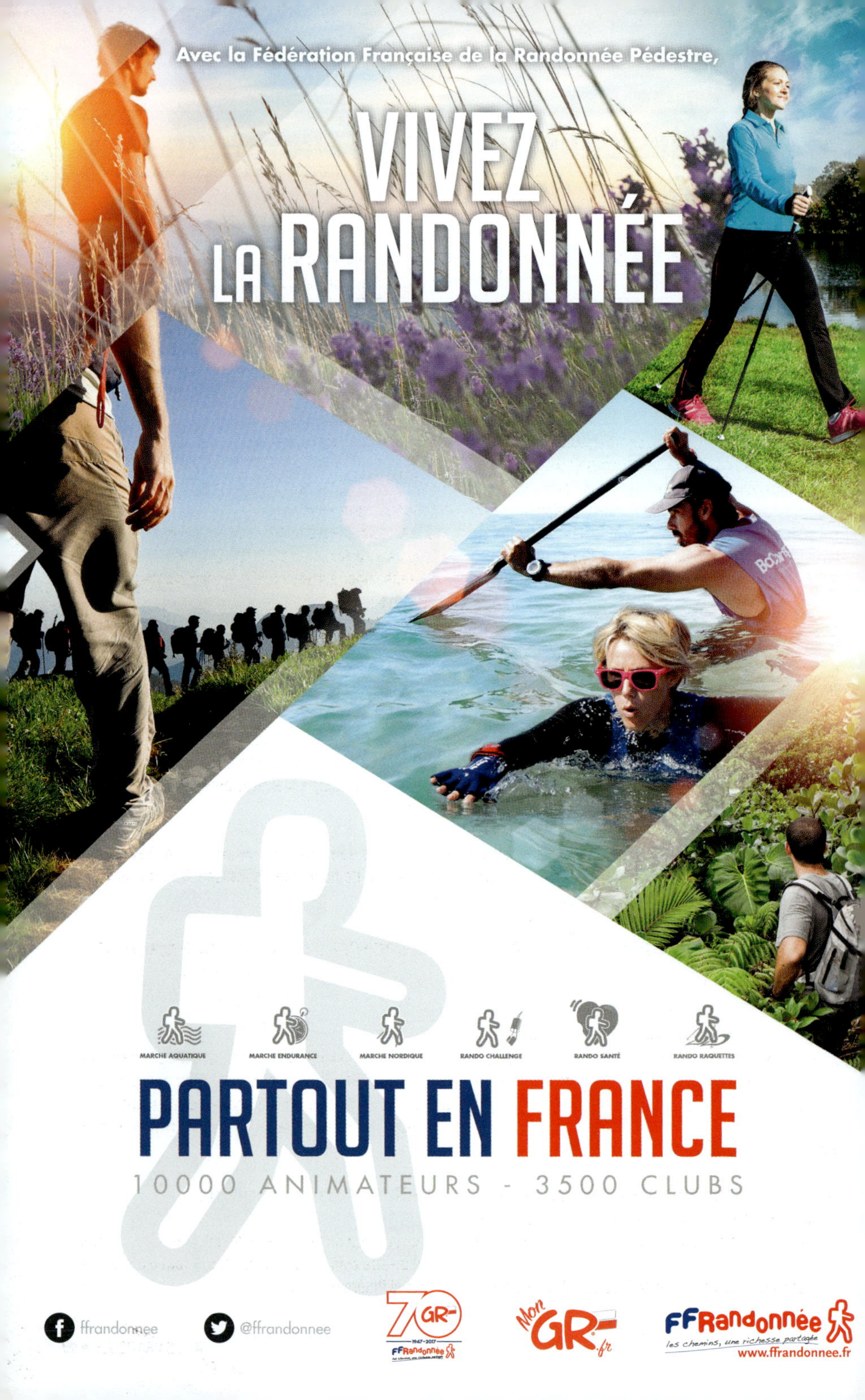

Avec la Fédération Française de la Randonnée Pédestre,

VIVEZ LA RANDONNÉE

PARTOUT EN FRANCE
10000 ANIMATEURS — 3500 CLUBS

MARCHE AQUATIQUE · MARCHE ENDURANCE · MARCHE NORDIQUE · RANDO CHALLENGE · RANDO SANTÉ · RANDO RAQUETTES

 ffrandonnee
 @ffrandonnee

Avant de partir... en randonnée

Période conseillée

La randonnée pédestre se pratique toute l'année à La Réunion. Il faut cependant se rappeler que l'île, située dans la zone intertropicale, connaît une saison sèche (de mai à novembre : l'hiver austral) et une saison de pluies (de décembre à avril : l'été).

Au cours de cette dernière, des cyclones risquent de l'atteindre, apportant de très fortes précipitations. Ces pluies torrentielles entraînent des crues subites mais brèves et des éboulis qui rendent momentanément les sentiers dangereux, voire impraticables. Au cours de l'hiver austral, les pluies sont rares mais les températures peuvent être basses, parfois négatives surtout en altitude.

Il est donc prudent, avant de partir en randonnée, de prendre connaissance des prévisions météorologiques et de l'état des sentiers.

Les services de la Météorologie nationale mettent un répondeur à la disposition du public (voir « Adresses utiles »). Des bulletins sont régulièrement diffusés sur les radios et à la télévision.

En été, le jour se lève vers 5 h 30 et le soleil se couche vers 18 h 45 voire 19 h. Pendant l'hiver austral, la journée perd environ 1 h 30. Les températures varient sur la côte entre 25° et 32° et de 0° à 19° en montagne avec gel fréquent. Des nuages peuvent apparaître en fin de journée.

Santé

Aucun traitement antipaludéen n'est obligatoire pour La Réunion. Être à jour de ces vaccinations est élémentaire pour tout voyageur. Prévoir une protection contre les moustiques et de la crème solaire.

Temps de marche

Les temps de marche indiqués dans les topo-guides des sentiers de Grande Randonnée® sont indicatifs. Ils correspondent à une marche effective d'un marcheur moyen.

Attention ! Les pauses et les arrêts ne sont pas comptés.

La vitesse moyenne est d'environ 4 km/h sur du plat. Or sur un parcours comportant une dénivelée importante, le calcul est différent : à la montée 250 à 300 m par heure, à la descente 300 à 400 m.

Chacun adaptera son rythme de marche selon sa forme physique, la météo, le poids du sac à dos, etc.

Consignes de sécurité

- Informer quelqu'un de son itinéraire.
- Éviter de partir seul.
- Être toujours bien équipé.
- Emporter suffisamment d'eau.
- Se renseigner sur les conditions météorologiques et l'état des sentiers.
- Toujours suivre le balisage. Les conditions de visibilité sont parfois mauvaises en altitude, surtout dans la région du Volcan.
- Toujours rester vigilant. Certains endroits présentent des à-pic importants, le terrain est toujours irrégulier, les sentiers parfois glissants.
- Les trois GR® comportent sur leur parcours quelques passerelles. Les emprunter avec beaucoup de prudence et un par un.

Les secours sont bien structurés et un Peloton de gendarmerie de haute montagne (le P.G.H.M.) veille en permanence.

En cas d'accident grave, appeler le 02 62 930 930.

Les télécommunications

Il existe sur le département deux opérateurs de téléphonie mobile (SFR, Orange et ONLY). On peut avoir une liaison sur toute l'île. Pour l'international, que ce soit en poste fixe ou en portable, on peut joindre « un peu partout ».

Modifications d'itinéraires

Depuis l'édition de ce topo-guide, les itinéraires décrits ont peut-être subi des modifications. Il faut alors suivre le nouvel itinéraire balisé.

INFOS PRATIQUES

Ces modifications, quand elles ont une certaine importance, sont disponibles auprès du Centre d'information de la Fédération Française de la Randonnée Pédestre (voir « Adresses utiles ») ou sur le site www.ffrandonnee.fr, rubrique « Boutique » / « Mises à jour », ou encore sont consultables sur le site de l'ONF : www.onf.fr/la-reunion, rubrique « renseignez-vous sur les sentiers ».

Les renseignements fournis dans ce topo-guide, exacts au moment de l'édition de l'ouvrage, ainsi que les balisages n'ont qu'une valeur indicative et n'engagent en aucune manière la responsabilité de la Fédération Française de la Randonnée Pédestre.

Ils n'ont pour objet que de permettre au randonneur de trouver plus aisément son chemin et de suggérer un itinéraire intéressant.

C'est au randonneur d'apprécier si ses capacités physiques et les conditions du moment (intempéries, état du sol…) lui permettent d'entreprendre la randonnée, et de prendre les précautions correspondant aux circonstances.

Assurances

Le randonneur parcourt l'itinéraire décrit, qui utilise le plus souvent des voies publiques, sous sa propre responsabilité. Il reste seul responsable, non seulement des accidents dont il pourrait être victime, mais aussi des dommages qu'il pourrait causer à autrui tels que feux de forêts, pollutions, dégradations, etc.

Certains itinéraires utilisent des voies privées : le passage n'a été autorisé par le propriétaire que pour la randonnée pédestre.

Le randonneur a intérêt à être bien assuré. La Fédération Française de la Randonnée Pédestre et ses associations délivrent une licence ou une Rando carte incluant une assurance adaptée.

MARÉE BASSE À TROIS-BASSINS- AU LIEU-DIT LA SOURIS CHAUDE / PHOTO E.M.

INFOS PRATIQUES

S'équiper et s'alimenter...
pendant la randonnée

Équipement

Compte tenu du climat, il est conseillé de prévoir l'équipement suivant :
- des vêtements légers,
- des vêtements chauds,
- un coupe-vent,
- un imperméable,
- de bonnes chaussures étanches,
- un chapeau,
- deux litres d'eau,
- une crème solaire,
- une lampe frontale,
- une trousse de secours,
- une couverture de survie,
- un sifflet.

Un dernier conseil : gérez bien le poids de votre sac !

S'alimenter

En raison du nombre assez restreint de points de ravitaillement et de la forte dépense d'énergie, il est nécessaire d'avoir une réserve de « vivres de course » : substances énergétiques (barres de céréales, fruits secs, liquides contenant des sucres à digestion rapide…) et aliments lyophilisés.

Pensez aussi à boire abondamment, mais attention à ne pas prendre n'importe quelle eau en milieu naturel. Munissez-vous dans ce cas de pastilles purificatrices.

GR @ccess

Comme Antoine, choisissez et organisez votre randonnée itinérante en ligne avec GR@ccess

Facilitez-vous la rando !

- Plus de 22 000 km de GR® décrits,
- Cartographie 1/25000ème,
- Plus de 150 suggestions de randonnée itinérante de 2 à 6 jours,
- Abonnement numérique, à partir de 12€.

Abonnez-vous sur **www.mongr.fr**

FFRandonnée

INFOS PRATIQUES

Les 7 pictogrammes illustrent les principales difficultés susceptibles d'être rencontrées sur les sentiers de randonnée pédestre de La Réunion :

N°1 - Passerelle :
Ce pictogramme évoque la difficulté liée au franchissement d'une passerelle, en particulier d'une passerelle sur câbles, qui présente la propriété d'onduler au-dessus d'un vide important.
En règle générale, les personnes sujettes au vertiges sont extrêmement sensibles à de tels ouvrages.

N°2 - Passage d'échelles :
Certains sentiers sont dotés d'échelles (en général, il s'agit d'échelles métalliques). Plus ou moins hautes, elles peuvent donner un caractère ludique à la randonnée et sont souvent très appréciées des enfants.
Toutefois certaines personnes peuvent avoir quelque appréhension à les emprunter, et la difficulté mérite d'être précisée. Ceci est d'autant plus important lorsque les échelles sont situées au milieu d'un itinéraire d'une grande longueur.

N° 3 - Passage en surplomb :
Ce pictogramme s'adressera particulièrement aux personnes sujettes au vertige et aux parents de jeunes enfants. Ce pictogramme devrait inviter à cheminer au plus près de la paroi, à ne pas s'attarder à de tels endroits, et à veiller sur les jeunes enfants. Les personnes sujettes au vertige ne devraient pas s'engager sur de tels itinéraires.

N° 4 - Passage glissant :
Ce pictogramme évoque la difficulté liée au caractère instable de certains passages. Il peut s'agir de façon pratique de passages souvent boueux ou humides. Ces passages sont traditionnellement traités par la pose de rondins en travers du sentier. Si le franchissement d'une zone humide est ainsi facilité, il n'en demeure pas moins glissant, et peut poser problèmes à des personnes mal chaussées.

N° 5 - Passage instable :
Ce pictogramme illustre également le caractère instable de certaines portions d'itinéraires.
En effet, des passages caillouteux et pentus peuvent également en zone sèches être fort glissants et présenter par leur caractère instable un risque vis à vis de personnes mal chaussées.

N° 6 - Passage à gué :
Nombreux sont les sentiers, qui, à La Réunion, traversent des rivières. Ces passages peuvent présenter un réel danger en période de crue. Il devient alors véritablement interdit de traverser la rivière.
Là encore, en dehors de périodes de hautes eaux, de tels passages nécessitent une certaine prudence, le port de bonnes chaussures de marche (pierres glissantes), et de vérifier le niveau de l'eau avant de s'engager.

N°7 - Passage de rochers :
Sans qu'il s'agisse d'escalade, certains passages rocheux nécessitent de se tenir au rocher.
Cette situation peut représenter une réelle difficulté pour certaines personnes et donc mérite d'être signalée.

INFOS PRATIQUES

Se rendre et se déplacer à La Réunion

Pour se rendre à La Réunion

Des compagnies aériennes desservent La Réunion à partir de Paris :
- Air France, tél. 0820 820 820,
internet : www.airfrance.re
- Corsair, tél. 0820 042 042,
internet : www.corsair.fr
- Air Austral, tél. 0825 013 012,
internet : www.airaustral.com
- Air Mauritius, tél. 0890 710 315,
internet : www.airmauritius.com
- Frenchblue, tél. 0825 205 205, www.frenchblue.com
- XL Airways, tél. 0892 692 123, www.xl.com

Les vols sont quotidiens dans les deux sens. Certaines compagnies de charters proposent aussi des vols à partir de Lyon, de Bordeaux et de Marseille.

Pour se déplacer sur l'île

Des cars :
- Car jaune, tél. 0810 123 974, dessert toute l'île,
- STOI (société de transport de l'océan indien), tél. 02 62 51 07 95,
- Emile Moutoussamy sarl, tél. 02 62 53 54 65.

Des taxis :
- Nord :
- Taxis « Paille en queue », tél. 02 62 29 20 29.
- Taxis Express, tél. 02 62 41 78 90.
- Ouest :
- Taxis La Buse, tél. 02 62 45 64 34.
- Sud : Taxis Saint-Pierrois, tél. 02 62 38 54 84.

Transport : aéroport et tout circuit :
- M. Lepinay Moïse, tél. 02 62 57 19 93 ou 06 92 68 76 40.
- Trans-Voyageurs ETTY, tél. 02 62 44 39 65 ou 06 92 86 00 46.
- AVIS Réunion, agence de l'aéroport Roland-Garros, tél. 02 62 48 81 85.

Des loueurs :
- National CITER, tél. 02 62 974 974.
- Europcar, tél. 02 62 93 14 15.

Les bonnes pratiques... à adopter en randonnée

Les milieux naturels de l'île sont particulièrement variés mais également très fragiles. La faune et la flore indigènes souffrent en effet de la présence d'espèces introduites qui contribuent à leur raréfaction. Les prédateurs les plus connus sont les rats et les chats retournés à l'état sauvage. Invisibles en journée pour les randonneurs, ils se nourrissent de déchets organiques laissés dans la nature avant de s'en prendre ensuite aux oiseaux endémiques, dont certains sont au bord de l'extinction, comme le Pétrel noir ou le Tuit-Tuit, dont il ne reste que 27 couples. En rapportant tous vos déchets même biodégradables, vous contribuez activement à leur sauvegarde.

De même, il est interdit d'allumer des feux en dehors des emplacements autorisés. Les risques d'incendie sont très importants, notamment dans les milieux d'altitude où la végétation est très inflammable.

Enfin, pendant vos randonnées, restez toujours sur les sentiers balisés, sans vous laisser tenter par les raccourcis qui accélèrent l'érosion des sols.

Territoire d'exception, La Réunion offre des paysages grandioses et une biodiversité si exceptionnelle qu'ils ont été classés en parc national et inscrits au patrimoine mondial de l'Unesco. Leur préservation est notre affaire à tous !

INFOS PRATIQUES

Liste des hébergements

Les itinéraires ont été découpés en étapes, en fonction de la durée de la marche, mais aussi de l'existence d'hébergements ouverts et gardés en permanence.

À chaque étape, vous êtes sûr de trouver un gîte de randonnée, une chambre d'hôte labellisée Gîtes de France, un hôtel, ou plusieurs de ces possibilités.

Les réservations se font auprès de la Centrale de Réservation Île de La Réunion* ou dans les offices et maisons du tourisme (voir « Adresses utiles »).

Dans tous les hébergements, vous pouvez commander vos repas du soir et votre petit déjeuner.

Ils sont à réserver par le randonneur 48 heures à l'avance. La Centrale de Réservation Île de La Réunion vous fournit un bon d'échange sur lequel figurent le numéro et les coordonnées de votre hébergement.

Le camping est peu répandu et bien souvent interdit ainsi que tout foyer non aménagé.

Les réservations sont indispensables pour bénéficier d'un lit ou d'une chambre. Pensez à réserver avant de partir pour éviter des surprises !

* CR : Centrale de Réservation Île de La Réunion – www.reunion.fr, @ : réservation en ligne possible

---

Pour faciliter la lecture, les hébergements sont cités dans le sens du parcours.

SUR LE GR® R1 ou à proximité :

Hell-Bourg (97433)
- Gîte de randonnée *La Mandoze*, M. Patrick Manoro, 24 lits + 3 chbres, CR + @*.
- Gîte d'étape 3 épis, **chambre d'hôtes** 4 épis, *Le Relais des Gouverneurs*, M. et Mme Boyer, 12 chbres, CR + @*.
- Chambres d'hôte *L'Auberge du Passant* 3 épis, Mme Josiane Grondin, 3 chambres, tél. 02 62 47 86 28.
- Gîte d'étape, Mme Madelaine Parisot, 24 places, tél. 02 62 47 83 48.
- Gîte d'étape *Chez Alice*, M. et Mme Cocotier, 4 chbres, tél. 02 62 47 86 24.
- Gîte d'étape 1 épi Spécial Randonneur, Mme Madeleine Laurent, 6 places, tél. 02 62 47 80 60.
- Gîte d'étape *P'tit Blanc des O*, Mme Claudine Nativel, 3 chbres, tél. 02 62 47 81 38.
- Gîte de randonnée *Les 3 Salazes*, 24 places, tél. 02 62 58 41 14.
- Hôtel** *Le Relais des Cîmes*, tél. 02 62 47 81 58, @*.
- Hôtel** *Les Jardins d'Héva*, tél. 02 62 47 87 87.
- Hôtel *L'Orchidée Rose*, tél. 02 62 47 87 22.
- *L'Orchidée rose*, 26 rue Olivier-Manès, tél. 02 62 47 87 22 ou 06 92 86 26 07, www.orchidee-rose.re
- Camping à la ferme *Le Relax*, tél. 02 62 47 83 06.

Bélouve (97431)
- Gîte de randonnée, Mme Carmen Rosset, 30 lits + 2 chbres, CR + @*.

Piton des Neiges (97413)
- Refuge de randonnée de la *Caverne Dufour*, M. Alain Dijoux et Luc Morel, 48 places, tél. CR + @*.

Cilaos (97413) (hors GR®)
- Gîte de randonnée *Le Calbanon*, Mme Valérie Etheve, 10 lits + 2 chbres, CR + @*.
- Gîte de randonnée *La Case Bleue*, Mme Valérie Etheve, 7 lits + 1 chbre, CR + @*.
- Gîte d'étape *Le Clair de lune*, 18 places, tél. 02 62 31 88 03.
- Gîte d'étape *Le Moutardier*, 24 places, tél. 06 92 85 60 78.
- Chambres d'hôte, M. Guy Grondin, 4 chambres, tél. 02 62 31 90 95.
- Chambres d'hôte 1 épi, Mme Flavie Doris, 2 chbres, tél. 02 62 31 71 23.
- Gîte de randonnée *La Roche Merveilleuse*, M. Michel Payet, 14 lits + 4 chbres, CR + @*.
- Chambres *La Case Nyala*, M. Patrick Mercier, 5 chbres, CR + @*.
- Gîte d'étape *Chez Lucette*, 3 chbres, tél. 02 62 31 74 18.
- Gîte d'étape *Ti Case Lontan Chez Noelly*, 28 places, tél. 06 92 80 62 10.
- Chambres d'hôtes *Galabert Jaune*, 3 chbres, tél. 02 62 41 03 58.
- Chambres *Le Ti' Margouillat*, 3 chbres, tél. 06 92 08 10 49.
- Chambres *Le Bois de Senteurs*, tél. 02 62 31 91 03.
- Chambres, Mme Régine Clain, 2 chbres, tél. 06 92 09 04 67.
- Chambres, Mme Mireille Dromart, 2 chbres, tél. 02 62 31 84 84.
- Chambres d'hôtes 1 épi, Mme

---

* CR : Centrale de Réservation Île de La Réunion – www.reunion.fr, @ : réservation en ligne possible

INFOS PRATIQUES

LISTE DES HÉBERGEMENTS

Bertha Gardebien, 3 chbres, tél. 02 62 31 72 15.
- **Chambres** *Les Porteurs*, 4 chbres, tél. 06 92 69 65 83.
- **Hôtel** *Le Bois Rouge*, tél. 02 62 47 57 57.
- **Hôtel** *Casa Célina*, 4 chambres, tél. 06 92 65 74 96.
- **Hôtel** *Le Petit Randonneur**, tél. 02 62 31 79 55.
- **Hôtel** *du Cirque**, tél. 02 62 31 70 68.
- **Hôtel** *Le Vieux Cep***, tél. 02 62 31 71 89, @*.
- **Hôtel** *des Neiges***, tél. 02 62 31 72 33, @*.
- **Hôtel** *Les Aloès***, tél. 02 62 31 81 00.
- **Hôtel** *Les Chênets****, tél. 02 62 31 85 85, @*.
- **Hôtel** *Le Tsilaosa****, tél. 02 62 37 39 39, @*.

Cilaos - Bras Sec (97413)
- **Gîte d'étape** M. Aurélien Nassibou, 20 places, tél. 02 62 31 71 77.
- **Chambres d'hôte** *Le Vieux Pressoir*, M. Christian Dijoux, 5 chambres, tél. 06 93 03 89 14.
- **Gîte d'étape** *Les Mimosas*, M. Jean-Paul Benoit, 5 chambres, tél. 02 62 25 38 57.
- **Chambres d'hôtes** *Les Calumets*, 4 chambres, tél. 02 62 35 40 63.
- **Chambres** *Auberge du Mont Fleuri*, 4 chambres, tél. 02 62 25 77 61.
- **Gîte d'étape** *Le Cryptoméria*, 5 chambres, tél. 02 62 31 91 03.
- **Gîte d'étape** *Le Sentier des Sources*, 5 chambres, tél. 02 62 96 89 95.
- **Gîte d'étape** *Le Vigneron*, 5 chambres, tél. 02 62 25 95 23.
- **Chambres**, Mme Milaine Hoareau, 3 chambres, tél. 06 92 70 84 99.

Cilaos - Îlet à Cordes (97413)
- **Gîte d'étape** 2 épis **et chambres d'hôtes** 2 Épis, M. Jean-Marie Grondin, 18 places et 2 chambres, tél. 02 62 25 38 57.
- **Chambres d'hôte** 2 épis, Mme Carole Maillot, 2 chambres tél. 02 62 25 74 57.
- **Chambres d'hôte** 2 épis, Mme Hélène Payet, 4 chambres, tél. 02 62 35 18 13.

Cilaos - Mare Sèche (97413)
- **Gîte d'étape** 2 épis, Mme Reine-Marie Payet, 3 chambres, tél. 02 62 31 72 51.

Cilaos - Le Pavillon (97413)
- **Gîte de randonnée** *Au Pavillon*, M. Eric Ethève, 13 lits + 1 chbre, CR + @*.

Marla - Maison Laclos (97460)
- **Gîte de randonnée**, Maison Laclos, M. Joël Begue, 20 places, tél. 06 92 07 86 54.

Marla (97460)
- **Gîte de randonnée** *Chez Fanélie & César*, M. et Mme Menrique, 12 lits + 3 chbres, CR + @*.
- **Gîte de randonnée**, Mme Giroday, 32 places, tél. 02 62 43 83 13.
- **Gîte de randonnée**, Mme Yolande Hoareau, 16 lits + 4 chbres, CR + @*.
- **Gîte et chambres de randonnée** *Les Trois Roches*, M. Alain Bègue, 12 lits + 4 chbres, CR + @*.
- **Gîte de randonnée** M. Expédit Hoareu, 20 lits.
- **Gîte d'étape** *Mielerie de Marla*, 8 places, tél. 06 92 03 20 99, marla974@hotmail.fr
- **Gîte d'étape** *Mafate à pattes*, 8 places, tél. 06 92 38 64 73 ou 06 92 38 94 54.

La Nouvelle (97419)
- **Gîte de randonnée** *Le Créole*, M. Jacques Begue, 16 places, tél. 02 62 43 51 74.
- **Gîte de randonnée**, M. Alain Bègue, 22 lits, tél. 02 62 43 43 10.
- **Gîte de randonnée**, M. Joseph Cuvelier, 32 places, tél. 02 62 43 49 63.
- **Gîte et chambres de randonnée** *Le Relais de Mafate*, 12 lits + 15 chbres, CR + @*.
- **Gîte et chambres de randonnée** *Le Tamaréo*, 8 lits + 4 chbres, CR + @*.
- **Gîte de randonnée**, M. Maximim Oreo, 12 lits + 1 chbre, CR + @*.
- **Gîte de randonnée**, M. Yvon Gravina, 6 chbres, CR + @*.
- **Camping du Cryptoméria**, 8 emplacements, tél. 06 92 45 59 33.

Grand Îlet (97433) (hors GR®)
- **Chambres d'hôte** 3 épis, Mme Liliane Bonald, 5 chbres, CR + @*.
- **Chambres d'hôte** *La Campierelle* 1 épi, Mme Christine Boyer, 4 chambres, tél. 02 62 47 70 87.
- **Chambres d'hôte** *Le Cimendef* 3 épis, Mme Noéline Campton, 4 chambres, CR + @*.
- **Chambres d'hôte** *La Tourte Dorée* 2 épis et 3 épis, Mme Jeanne-Marie Grondin, 6 chbres, CR + @*.
- **Chambres d'hôte** *Le Papangue* 3 épis, M. et Mme Emmanuelle et Nelson Boyer, 3 chbres, CR + @*.
- **Chambres d'hôte** *Le Jean Robert*, 10, chemin Bord-Fontaine, 7 places, tél. 02 62 47 73 43 ou 06 93 20 03 61, gilette.robert@live.fr

SUR LE GR® R2 ou à proximité :

Le Brûlé (97400)
- **Auberge du** *Val Fleuri***, 8 chalets, tél. 06 92 61 70 50.

Roche Écrite (97400)
- **Gîte de randonnée**, M. José Bonald, 36 places, CR + @*.

INFOS PRATIQUES •**15**

INFOS PRATIQUES

LISTE DES HÉBERGEMENTS

Dos d'Âne (97419)
• **Gîte d'étape** 2 épis et **chambre d'hôtes** 2 épis *Les Acacias*, M. et Mme Nativel, 15 places et 2 chbres, CR + @*.
• **Auberge du Cap Noir** *Chez Raymonde*, 3 chbres de 2 + 1 chbre de 4, tél. 02 62 32 00 82.
• **Chambres et table d'hôtes** 3 épis *Bienvenue dans les hauts*, 8 places, tél. 06 92 67 51 93, 02 62 33 28 91, bienvenuedanslesauts@gmail.com.
• **Chambres d'hôtes** *Le Pilon d'Or*, 13 places, tél. 02 62 32 01 56.

Aurère (97419)
• **Gîte de randonnée** *Auberge Piton Cabris*, M. Charlemagne Libelle, 16 lits, CR + @*.
• **Gîte de randonnée** *Le Poinsétia*, M. Georget Boyer, 14 lits + 3 chbres, CR + @*.
• **Gîte de randonnée**, M. François Libelle, 24 lits, CR + @*.
• **Gîte de randonnée** *Le Fanjan*, M. Narcisse Libelle, 8 lits, tél. 06 92 09 19 86.

Plaine aux Sables (97419)
• **Gîte d'étape** *Gravina Martial*, 20 places, tél. 02 62 43 01 73 ou 06 92 53 06 42.

Îlet à Malheur (97419)
• **Gîte de randonnée**, M. Guy Libelle, 20 lits, CR + @*.
• **Gîte** *Arbre du Voyageur*, La Plaque, 12 places, tél. 02 62 43 50 60 ou 06 92 09 10 10.

Îlet à Bourse (97419)
• **Gîte de randonnée**, M. Christophe Thomas, 16 lits + 2 chbres, CR + @*.

Grand-Place les Hauts (97419)
• **Gîte de randonnée**, Mme Thomas, 16 places, tél. 02 62 43 31 05.
• **Gîte de randonnée** *Le Pavillon*, M. Benoît Boyer, 19 lits + 1 chbre, CR + @*.
• **Gîte de randonnée** *Cœur de Mafate*, M. Bulin, 19 lits, CR + @*.

Grand Place Boutique (97419)
• **Gîte de randonnée** *Le Bougainvillier*, M. Yvrin Pause, 16 places, tél. 02 62 43 40 08.

Grand Place - Cayenne (97419)
• **Gîte de randonnée**, Mme Marie-Claude Thomas, 16 lits + 2 chbres, CR + @*.

Roche Plate (97460)
• **Refuge de randonnée**, Mme Vivette Robert, 24 lits, CR + @*.
• **Gîte de randonnée** *L'auberge du Bronchard*, M. Gérard Bègue, 18 places, tél. 02 62 43 83 66.
• **Refuge de randonnée** *Chez Juliette*, Mme Juliette Thomas, 24 lits, CR + @*.
• **Gîte de randonnée** *Chez Merlin*, M. Expédit Atache, 12 lits et 1 chambre, CR + @*.
• **Gîte de randonnée** *Gros Piton*, M. Jean-Pascal Libelle, 12 lits, tél. 06 92 20 56 71.
• **Gîte de randonnée** *Ti Kaz Bleu*, Axel Lefevre, 12 lits, tél. 06 92 29 37 58.
• **Gîte d'étape** *Mahafaty-be*, 16 places, tél. 06 92 32 80 95 ou 06 92 27 54 24.

Îlet des Lataniers (hors GR®)
• **Refuge de randonnée**, M. Jean-Paul Cernot, 32 lits, tél. 06 92 29 41 24.
• **Refuge de randonnée** *Les Bambous*, Mme Béatrice Timon, 8 lits, tél. 06 92 30 39 98.
• **Refuge de randonnée** *Les Jacquiers*, Mme Mireille Timon, 14 lits, tél. 06 92 05 02 13.

Îlet Les Orangers
• **Refuge de randonnée**, Mme Yoland, 18 lits, tél. 06 92 25 31 78.

La Nouvelle (97419)
voir GR® R1

Marla (97460)
voir GR® R1

Cilaos (97413)
voir GR® R1

Cilaos - Bras Sec (97413)
voir GR® R1

Cilaos - Îlet à Cordes (97413)
voir GR® R1

Cilaos - Mare Sèche (97413)
voir GR® R1

Cilaos - Le Pavillon (97413)
voir GR® R1

Caverne Dufour (97413)
• **Refuge** *de la Caverne Dufour* 48 places, tél. CR + @*.

Bourg Murat (97418) (hors GR®)
• **Gîte d'étape** *de La Fournaise*, 21 places, tél. 02 62 59 29 75.
• **Gîte d'étape** *de Bellevue*, 5, Domaine de Bellevue, 14 places, tél. 02 62 59 15 02 ou 06 92 07 80 83, gitedebellevue@orange.fr
• **Gîte d'étape** *Le Grillanoo*, 8, rue Paul-DePeindray, 37 places, tél. 02 62 59 10 10 ou 06 92 22 47 11.
• **Chambres d'hôte**, M. Clément Alicalapa-Tenon, 6 chambres, tél. 02 62 59 10 41, CR + @*.
• **Hôtel**** *L'Écrin*, tél. 02 62 59 02 02.
• **Hôtel** *L'auberge du Volcan*, tél. 02 62 27 50 91.

Volcan (97418)
• **Gîte de randonnée**, M. Yves Picard, 57 lits, CR + @*.

---

* CR : Centrale de Réservation Île de La Réunion – www.reunion.fr, @ : réservation en ligne possible

INFOS PRATIQUES

Basse Vallée (97442)
• **Refuge de randonnée** de *Basse Vallée*, 16 places, tél. CR+ @*.

Basse Vallée les Hauts (97442)
• **Gîte de randonnée**, M. Théophane Begue, 12 places, tél. 02 62 37 13 14.

Baril les Hauts (97442)
• **Chambres d'hôte** 3 épis *Le Pinpin d'amour*, Mme Marie-Claude Damour, 6 chbres, CR + @*.

Saint-Philippe (97442) (hors GR®)
• **Chambres d'hôtes** 3 épis *Au Domaine du Vacoa*, M. Yvon Bigot, 2 chbres, CR + @*.

• **Chambres d'hôtes** 3 épis *Le Cap Méchant*, Mme Valérie Damour, 5 chambres, CR + @*.
• **Chambres d'hôtes** *Coco Vanille*, Mme Jenny Heitzler, 4 chambres, tél. 06 92 94 51 12, contact.cocovanille.974@gmail.com.
• **Chambres d'hôtes** 2 épis *Le Rond de Basse-Vallée*, Mme Josiane Métro, CR + @*.

SUR LE GR® R3 ou à proximité :

Marla (97460)
voir GR® R1
Roche Plate (97460)
voir GR® R2

Îlet Les Orangers
voir GR® R2

Grand Place - Cayenne (97419)
voir GR® R2

Îlet des Lataniers (hors GR®)
voir GR® R2

Aurère (97419)
voir GR® R2

Îlet à Malheur (97419)
voir GR® R1

Mise à jour permanente sur www.gites-refuges.com, le site des hébergements pour toutes les randonnées (A. et S. Mouraret) et sur www.reunion.fr, base de données de 2 000 prestataires.

Tableaux de ressources

	Localité sur le parcours du GR®
	Localité **hors GR®**

Malgré nos vérifications, des oublis ou erreurs ont pu se glisser, notamment dans la liste d'hébergements. Des établissements ont pu s'ouvrir, d'autres fermer, des numéros de téléphone, changer, depuis l'édition de ce topo-guide. Merci de nous le signaler ; nous en tiendrons compte dans la prochaine édition.

GR® R1   Gîte, refuge   Hôtel   Chambres d'hôtes   Camping   Abri*   Ravitaillement  Restaurant   Café   OT/SI   Car   Distributeurs

* ne sont signalés que dans le descriptif de l'itinéraire.

heures	LOCALITÉS / RESSOURCES	Pages	Gîte	Hôtel	Ch. d'hôtes	Camping	Abri	Ravit.	Rest.	Café	OT/SI	Car	Distrib.
	HELL-BOURG	47	•	•	•	•			•	•	•	•	•
2.00	GÎTE DE BÉLOUVE	47	•						•	•			
4.30	GÎTE DE LA CAVERNE DUFOUR	49	•						•	•			
3.00	CILAOS (hors GR® + 15 min)	53	•	•	•				•	•	•	•	•
6.30	MARLA	59	•						•				
2.00	LA NOUVELLE	61	•			•			•				
4.15	LE BÉLIER	65			•				•				•
0	GRAND ILET (hors GR® + 40 min)	65			•	•			•			•	•
4.20	HELL-BOURG	69	•	•	•	•			•	•	•	•	•

GR® R2 | Gîte, refuge | Hôtel | Chambres d'hôtes | Camping | Abri* | Ravitaillement | Restaurant | Café | OT/SI | Car | Distributeurs

* ne sont signalés que dans le descriptif de l'itinéraire.

heures	▼ LOCALITÉS / RESSOURCES ▶	Pages	Gîte	Hôtel	Ch. d'hôtes	Camping	Ravit.	Rest.	Café	OT/SI	Car	Distrib.
	SAINT-DENIS	73		•			•	•	•	•	•	•
2.30	LE BRÛLÉ	73			•			•		•	•	
4.00	GÎTE DE LA ROCHE ÉCRITE	79	•					•				
3.30	DOS D'ÂNE	85	•	•	•		•	•				•
4.40	AURÈRE	89	•			•	•	•				
0.50	ÎLET À MALHEUR	91	•					•				
1.40	ÎLET À BOURSE	91	•					•				
1.30	GRAND-PLACE	91	•				•	•				
2.00	ILET DES LATANIERS (hors GR® + 5 min)	95	•									
1.30	ÎLET DES ORANGERS	95	•				•	•				
2.00	ROCHE PLATE	95	•				•	•	•			
4.20	LA NOUVELLE	99	•			•	•	•	•			
2.10	MARLA	101	•									
5.30	CILAOS	105	•	•	•		•	•	•	•	•	•
5.30	GÎTE DE LA CAVERNE DUFOUR*	107	•					•	•			
4.45	BOURG MURAT (hors GR® + 45 min)	117	•	•	•		•	•	•	•	•	•
5.30	GÎTE DU VOLCAN	123	•					•	•			
6.10	GÎTE DE BASSE VALLÉE	137	•									
2.00	BASSE-VALLÉE	139	•		•		•	•	•			•

GR® R3

heures	▼ LOCALITÉS / RESSOURCES ▶	Pages	Gîte	Hôtel	Ch. d'hôtes	Camping	Ravit.	Rest.	Café	OT/SI	Car	Distrib.
	PARKING RF 13	145					•		•			
2.10	MARLA	145	•				•	•	•			
5.00	ROCHE PLATE	149	•				•	•	•			
1.10	ÎLET DES ORANGERS	151	•				•	•	•			
0.30	ILET DES LATANIERS (hors GR® + 5 min)	151	•									
1.30	CAYENNE	151	•				•		•			
3.05	AURÈRE	155	•			•	•		•			
0.45	ÎLET À MALHEUR	155	•				•		•			
5.00	PARKING RF 13	157							•			

Pour calculer la durée d'une étape, il suffit d'additionner les chiffres de la colonne de gauche et de rajouter, si votre lieu d'hébergement se situe hors GR®, la durée figurant entre parenthèse.

LA BOUTIQUE
de la randonnée

Une boutique, deux sites :
FFRandonnee.fr et MonGR.fr

JUSQU'À 15% DE REMISE POUR LES ADHÉRENTS

Topoguides®
Accessoires
Textile
Librairie

FFRandonnée
les chemins, une richesse partagée
www.ffrandonnee.fr

MonGR.fr

64 rue du Dessous des Berges – 75013 Paris
Nous contacter : info@ffrandonnee.fr – 01 44 89 93 90 • Nous rendre visite : 10h00 - 12h30 - 13h30 - 18h00

 ffrandonnee    @ffrandonnee    FFRandonnée

INFOS PRATIQUES

Adresses utiles

Offices du tourisme

Pour tout savoir sur les séjours, activités et hébergements dans la région.

Le Nord
• Office du tourisme intercommunal du Nord - Antenne Saint-Denis, Villa Carrère, 14, rue de Paris, 97400 Saint-Denis, tél. 02 62 41 83 00 / 73 16 00, fax 02 62 21 37 76, otinord@wanadoo.fr

L'Est
• Office municipal du Tourisme de Saint-André, Maison Martin Valliame, 97440 Saint-André, tél. 02 62 46 91 63
• Office du tourisme de Saint-Benoît, place de l'Église de Sainte-Anne, 97470 Saint-Benoit, tél. 02 62 47 05 09

L'Ouest
• Office du tourisme de Saint-Leu, 1, rue Le Barrelier, 97436 Saint-Leu, tél. 02 62 34 63 30
• Office du tourisme de Saint-Paul, Galerie Amandine, 97434 Saint-Gilles-les-Bains, tél. 08 10 797 797

Le Sud
• Office du tourisme intercommunal du Sud - Antenne de Saint-Pierre, 26, rue Amiral Lacaze Terre-Sainte, 97410 Saint-Pierre, tél. 0892 70 22 01, fax 0262 25 82 76, ot.saint-pierre@wanadoo.fr

Le Sud Sauvage
• Antenne de Saint-Joseph, 3, rue Paul-Demange, 97480 Saint-Joseph, tél. 02 62 37 37 11
• Antenne de Saint-Philippe, 64, rue Lecomte-de-l'Isle, 97442 Saint-Philippe, tél. 02 62 37 10 43

Les Cirques
• Maison du tourisme de Cilaos, 2 bis, rue Mac-Auliffe, 97413 Cilaos, tél. 02 62 31 71 71, fax 02 62 31 78 18, mmocilaos@wanadoo.fr, mtc.servicecom@wanadoo.fr
• Maison du tourisme de Salazie, 47, rue du Général-de-Gaule, Centre artisanal d'Hell-Bourg, 97433 Salazie, tél. 02 62 47 89 89, fax 02 62 47 89 70, pat.salazie@wanadoo.fr

Le service de réservation (CR*)
• Centrale de Réservation Île de La Réunion (affiliée au réseau national RN2D), 5, rue Rontaunay, 97400 Saint-Denis, tél. 02 62 90 78 78, fax 02 62 41 84 29, www.reunion.fr

Fédération française de la Randonnée pédestre

Pour adhérer à une association de randonneurs et entretenir les sentiers, ou pour obtenir des informations sur les sentiers.

• Centre d'Information de la FFRandonnée, 64, rue du Dessous-des-Berges, 75013 Paris, tél. 01 44 89 93 93, fax 01 40 35 85 67, info@ffrandonnee.fr, www.ffrandonnee.fr

• Comité de Randonnée Pédestre de La Réunion, 8, rue de la Caserne, 9002 HLM Chirico, Petite-île, 97400 Saint-Denis, tél./fax 02 62 94 37 06, crrpreunion@wanadoo.fr, http://reunion.ffrandonnee.fr

INFOS PRATIQUES

Secours et météo

• Secours en montagne, PGHM, Caserne de la Redoute, Saint-Denis, tél. 02 62 930 930.
• Météo France, le Chaudron,
tél. 0892 68 08 08.

En cas d'accident, placer, si possible, la victime dans un endroit dégagé où l'équipe d'intervention pourra la repérer facilement et où l'hélicoptère pourra accéder sans problème. Signaler avec exactitude la position de la victime (à partir de là, ne plus la déplacer) en appelant le **02 62 930 930** qui centralise les secours.

Office National des Forêts

• ONF, boulevard de la Providence, CS 71072, 97404 Saint-Denis cedex, www.onf.fr/la-reunion
• Renseignez-vous sur les sentiers fermés : www.onf.fr/la-reunion

Bibliographie, cartographie

Cartes

• IGN au 1 : 25 000 série Top 25 n° 4401 RT, 4402 RT, 4403 RT, 4404 RT, 4405 RT 4406 RT.

Ouvrages généraux

• *Fleurs et plantes de La Réunion et de l'île Maurice,* Thérésien Cadet, Éd. du Pacifique, 1981.

• *Sentiers forestiers de l'Île de La Réunion,* éd. FFRandonnée, réf. SF01, 2007.
• *Itinéraires réunionnais,* ONF, Bat'Karé collection, 2000.
• *La Réunion, île de Vanille,* Raoul Lucas, Océan Édition, 1990.
• *Randonner sur les sentiers de Mafate,* ONF, 2003.
• *Le grand livre des oiseaux de La Réunion,* A. Barau, N. Barré, Ch. Jovanin, Éd. ORPHIE, 1996.

• *Arbres et arbustes exotiques à La Réunion,* Cirad.
• *Histoire naturelle et évolution des espèces,* Sophie Lavaux, Éd. Cormorans, 1999.
• *Info–Nature Réunion,* Bulletios de la SREPEN (Société Réunionnaise pour l'Étude et la Protection de l'Environnement).
• *L'île de La Réunion par les plantes,* Conservatoire Botanique des Mascarins, Éd. Solar, 1992.
• *La Réunion des mille et une saveurs,* Serge Gélabert, 1993.

Hébergements

• *Gîtes d'étape et Refuges,* A. et S. Mouranet, mise à jour permanente sur Internet : www.gites-refuges.com

LE SOMMET DU PITON DES NEIGES / PHOTO S.L.

Parc national de La Réunion

UNESCO
Organisation des Nations Unies pour l'éducation, la science et la culture

Pitons, cirques et remparts de l'île de La Réunion inscrits sur la Liste du patrimoine mondial en 2010

© Parc national de La Réunion - Thomas Guerre - Cap anglais

Accueillir — **Découvrir** — **Protéger** — **Transmettre** — **Accompagner**

Les Pitons, cirques et remparts de l'île de La Réunion abritent les derniers habitats naturels les plus importants pour la conservation de la biodiversité terrestre des Mascareignes. Ils sont le dernier refuge de nombreuses espèces animales et végétales endémiques menacées de disparition. Le Parc national a pour mission de protéger ces paysages et espaces naturels d'exception inscrits depuis le 1er août 2010 sur la prestigieuse liste des Biens du patrimoine mondial de l'UNESCO. Ensemble, partageons et protégeons ce patrimoine unique.

www.reunion-parcnational.fr

Not parc, not patrimoine, not fierté

Découvrir
l'île de La Réunion

De gauche à droite : PHOTO J.R. ; LE PORT DE SAINT-PIERRE / PHOTO S.L. ; PHOTO J.R.

Petit point situé par 21° de latitude Sud et 55°20 de longitude Est dans l'immensité de l'océan Indien entre Maurice et Madagascar, et que corsaires, flibustiers et missionnaires du roi, dépêchés sur la Route des Indes, n'avaient pourtant pas hésité à qualifier d'Éden.

Aujourd'hui, l'île de La Réunion, peuplée de 833 000 habitants, a conservé, à bien des égards, cette image. La comparaison a gardé une étonnante réalité. Terre de contraste et d'harmonie, elle marie les bleus du ciel et des vagues aux verts des montagnes, rapproche courbes régulières et lignes déchiquetées de son relief. Elle métisse regards et visages typés venus d'horizons divers depuis plus de 350 ans. D'une superficie de 2 512 km^2, sortie des flots voici quelque trois millions d'années seulement, cette montagne tropicale porte en son sein le plus beau et le plus vaste réseau de sentiers pédestres de la région et le point culminant de cet océan. La Réunion, au patrimoine paysager et floristique exceptionnel, est sans aucun doute le paradis des randonneurs. Trois sentiers de Grande Randonnée® se distinguent dans la longue liste des balades pittoresques et variées.

Les randonneurs sont conviés à une autre lecture. Les auteurs, passionnés de nature, compagnons fidèles des sentiers, ont voulu faire partager leur enthousiasme. Marcher pour voir et s'enrichir, apprendre ou redécouvrir, partager et préserver, ont soutenu leurs motivations. À cet effet, des thèmes sont proposés en encarts. Ils apportent des informations sur des sujets aussi variés que la géologie et la botanique, l'histoire et la géographie, l'homme réunionnais et sa culture…

Ce guide a été écrit à l'intention de tous les amoureux de la randonnée pédestre. Jeunes et moins jeunes, sportifs accomplis ou simples marcheurs courageux, tous respectueux de l'environnement, parcourront ainsi sans rien dégrader une Réunion authentique aux habitants accueillants. Les grands espaces nichés entre de majestueuses montagnes y convient.

L'histoire de La Réunion

La Réunion est jeune. Géologiquement, elle a 3 millions d'années à peine. D'un point de vue historique, elle n'a pas 400 ans. Les Arabes l'auraient approchée à la fin du Moyen Âge. L'île apparaît sous le nom de Dina Morgabim sur des portulans (1502). Les Européens, lancés à la conquête du monde, ne l'aborderont que beaucoup plus tard. Si des incertitudes existent sur les noms et les dates, elles sont gommées par la prise de possession officielle de l'île, en 1649, au nom du roi de France. Elle doit à cet événement son nom de l'époque : isle Bourbon. Auparavant, elle avait été mentionnée dans les récits ou sur les cartes : Dina Morgabim, Santa Apolonia, Mascarin. Le décret du 19 mars 1793, en l'an II de la République, lui confère le nom de La Réunion, en souvenir de la réunion en 1792 des Marseillais et des Gardes Nationaux. Elle garde ce nom jusqu'en 1806, date à laquelle elle est baptisée île Bonaparte. En 1810, l'île Bonaparte redevient île Bourbon. Ce nom reste malgré la rétrocession de la colonie à la France en 1815. Elle retrouve définitivement le nom de La Réunion en 1841, année de l'abolition de l'esclavage.

L'île est et restera longtemps déserte. L'occupation définitive ne commence qu'en 1663. Deux Français et dix Malgaches furent ses premiers habitants. La création par Colbert, en 1664, de la Compagnie pour le Commerce des Indes Orientales, en fait une colonie de peuplement. En 1665, sous la conduite d'Étienne Régnault, vingt premiers colons s'installent à Saint-Paul. D'autres leur emboîtent le pas, accompagnés de quelques Malgaches, Indo-Portugaises ou Françaises. La population est fortement et

UNE ALLÉE DE COCOTIERS / PHOTO S.L.

forcément métissée, jusqu'au moment où furent interdites les unions entre Blancs et Noirs (ordonnance du vice-roi des Indes Jacob de la Haye, 1674). Jusqu'à l'abolition officielle de l'esclavage, le 20 décembre 1848, la composition de la population est essentiellement européenne et africaine. Les esclaves ayant été affranchis, une autre composante fait son apparition dans la population de l'île : l'Indien ou Malbar. Cette période de l'histoire est alors dominée par l'immigration indienne qui fournit à la colonie une main-d'œuvre abondante (les Engagés) pour le dur travail de la canne à sucre.
Plus tard, arrivent les Indiens musulmans (les Zarabs) et les Chinois. La loi de 1946, dite loi de Départementalisation, met fin au statut colonial.
La Réunion devient un département français, d'où l'extension des lois sociales, le développement économique mais l'application parfois difficile de la législation française. Une cinquième composante de la population apparaît avec l'arrivée de fonctionnaires métropolitains (les Zoreys), pour pallier les graves carences d'encadrement. Le développement des communications et le manque de travail sur place ont conduit,

depuis les années 1960, à une émigration vers la métropole. La population actuelle de l'île est de 850 000 habitants et le million sera atteint dans moins de vingt ans.

Au début du peuplement, l'île pratique une économie de subsistance. L'introduction de la culture du café en 1715 transforme Bourbon en colonie de plantation. Cette culture répond à la fois à une mode pour une boisson très prisée à Paris et à une nécessité économique, le produit importé d'Arabie se négociant à un prix exorbitant. Vers 1870, l'île devient le « grenier des Mascareignes », sa production s'oriente vers les cultures vivrières : en ces temps de guerre avec l'Angleterre, il fallait subvenir aux besoins de la population et des troupes. L'ère de la canne à sucre succèdera à celle du café et des « grains » après 1815. Des évènements extérieurs vont être là aussi déterminants dans le développement de cette culture : perte par la France de Saint-Domingue, son fournisseur de sucre, timide démarrage de la culture de la betterave en France, destruction des caféiers par la maladie et les cyclones. L'histoire économique de l'île est désormais liée à la culture de cette herbacée.

Un pêcheur sur la côte de l'Étang Salé / photo S.L.

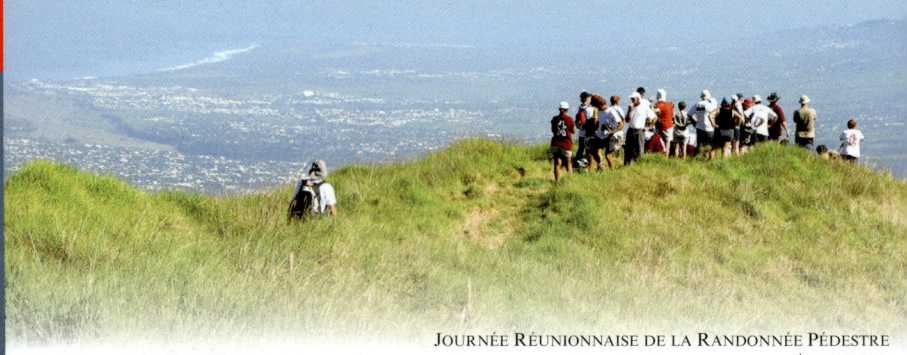

Journée Réunionnaise de la Randonnée Pédestre
/ photo M.C.F.S.

La **population**

La population croît très rapidement. De 50 habitants en 1670, elle passe à 5 000 vers 1730 et 35 000 en 1775. En 1848, à l'abolition de l'esclavage, elle est estimée à 105 000.
Après une progression plus lente à la fin du XIXe et au début du XXe siècle, la démographie explose. De 240 000 au moment de la départementalisation en 1946, la population passe à 400 000 dans les années 1960. En 2017, La Réunion compte 850 000 habitants d'origine africaine, européenne, malgache, indienne ou chinoise qui vivent sur cette terre, au milieu de l'océan Indien.

La langue **créole**

Peu compréhensible pour un voyageur débarquant dans un département français et qui s'attend à entendre parler français, le créole est la langue maternelle de nombreux Réunionnais et la plus utilisée à La Réunion.
Au bout de quelques jours passés dans l'île, ce même voyageur se rendra compte que son vocabulaire est assez proche de celui du français. Mais, si sa base lexicale est essentiellement d'origine française, le créole réunionnais n'est néanmoins ni du français, ni du malgache, ni aucune autre langue. Malgré quelques variations mineures d'un coin de l'île à un autre, d'une couche de la population à une autre, il repose sur un lexique et une base grammaticale communs.
Le créole est né par nécessité, au début du peuplement de l'île. Il fallait un outil de communication entre des colons venant pour la plupart de France et des esclaves venant d'Afrique, de Madagascar, des Comores ou d'ailleurs ; mais aussi entre des esclaves qui, arrivant d'horizons divers, ne possédaient pas de langue commune. Le français étant la langue dominante, ce nouveau parler s'est construit sur cette base tout en empruntant aux langues d'origine des autres composants de la population.
Aujourd'hui, si le Réunionnais, en général, parle volontiers le créole, il est néanmoins conscient de la nécessité de posséder une voire d'autres langues permettant des échanges plus larges.

Le **climat**

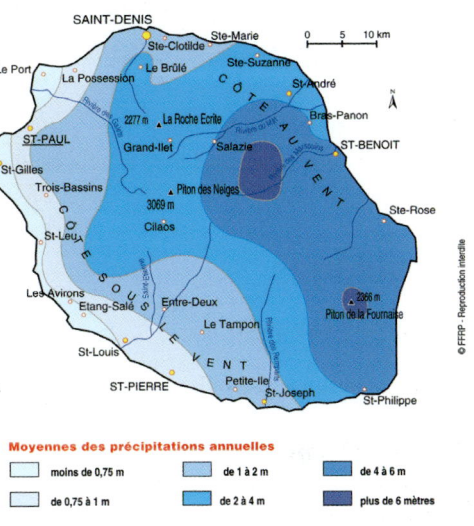

LA CARTE DES PLUIES DE LA RÉUNION

Moyennes des précipitations annuelles
- moins de 0,75 m
- de 0,75 à 1 m
- de 1 à 2 m
- de 2 à 4 m
- de 4 à 6 m
- plus de 6 mètres

Située à 200 km au nord du tropique du Capricorne, La Réunion jouit d'un climat tropical chaud et humide. Cependant, l'influence dominante de l'anticyclone des Mascareignes et le relief montagneux de l'île font qu'il connaît des spécificités notables. Les alizés, nés de l'anticyclone, se chargent d'humidité au cours de leur parcours océanique. Rencontrant l'imposant massif montagneux, ils déclenchent la formation de nuages apportant des pluies régulières sur le versant est. Par ailleurs, ces alizés adoucissent les températures sur le littoral.

De ces différentes influences découle une division de l'île en trois zones climatiques.

La région Est, dite « côte au vent », est marquée par un climat tropical océanique : alizés constants, pluies abondantes toute l'année, températures modérées et régulières. La végétation y est verte et exubérante.

La région Ouest, « côte sous le vent », à l'abri des alizés, connaît un climat tropical sec : températures généralement supérieures à celles de la région Est de un à deux degrés, pluies nettement moins abondantes. Les régions basses de la côte ouest sont essentiellement constituées de savanes.

Soleil « nou néna » ! (ce n'est pas ce qui nous manque !) / photo E.M.

Les Hauts de l'île, souvent sous les nuages, sont marqués par des températures fraîches, basses par moments. Les pluies y sont plus fréquentes que dans les zones littorales.
Le relief compartimenté de l'île explique aussi l'existence de très nombreux microclimats.

La Réunion connaît deux saisons. L'hiver austral, de mai à octobre, est la saison fraîche et sèche. L'été austral, de novembre à avril, est humide et chaud. C'est aussi la période des cyclones.

Les **cyclones**

Gigantesques tourbillons (200 à 900 km de diamètre), les cyclones tropicaux naissent dans les mers chaudes. Ils résultent de la mise en mouvement d'une masse d'air chaud par l'arrivée d'une masse d'air froid. Ils se déplacent d'est en ouest mais leurs trajectoires peuvent s'avérer complexes et capricieuses. Les cyclones ont deux vitesses : celle du déplacement du tourbillon (10 à 25 km/h) et celle des vents à l'intérieur du phénomène. Ces vents peuvent atteindre la vitesse de 200 à 300 km/h et s'accompagnent de pluies diluviennes. Le passage de ces météores sur l'île provoque parfois des dégâts considérables.
Avant d'être classée cyclone, une perturbation tropicale peut passer par plusieurs phases :
- dépression tropicale faible : vents inférieurs à 61 km/h ;
- dépression tropicale modérée : vents compris entre 62 et 85 km/h ;
- forte dépression tropicale : vents compris entre 85 et 117 km/h ;
- cyclone tropical : vents supérieurs à 117 km/h.
Aujourd'hui, grâce à l'observation satellite, ces phénomènes peuvent être repérés longtemps à l'avance. Des mesures sont alors prises, des informations données et la population peut se préparer.

UN COUCHER DE SOLEIL SUR LE DIMITILE / PHOTO S.L.

Une coulée volcanique / photo S.L.

La **colonisation des laves**

À considérer la facilité avec laquelle la végétation s'installe sur les coulées volcaniques, on peut admettre que la colonisation de l'île par les plantes s'est faite dès son émersion.
Les vents, les courants marins et les oiseaux ont été les vecteurs naturels d'introduction de la flore sur cette terre isolée.
Voici quatre ou cinq siècles, les premiers observateurs découvrirent de fait une île extrêmement boisée. L'homme s'est installé et le paysage a bien changé. Les besoins en bois d'œuvre et surtout en terres cultivables (café, canne à sucre, cultures vivrières puis géranium) ont provoqué des reculs successifs de la forêt. Pour décrire la forêt réunionnaise actuelle, les scientifiques ont établi une classification en fonction de l'altitude et de l'exposition aux vents dominants. À ce propos, il est intéressant de noter que le tracé du sentier GR® R2 suit, en gros, la ligne de démarcation entre le secteur au vent, humide, à l'est, et le secteur sous le vent, plus sec, à l'ouest.
La forêt semi-sèche de l'Ouest, fort dégradée, ne se retrouve que sur les remparts et aux abords des grandes vallées. Bois d'olive, Bois de judas, Bois puant ou encore Benjoin

en sont quelques essences représentatives. La forêt de bois de couleurs des Bas, sombre, facilement pénétrable, est constituée de grands arbres aux fûts souvent rectilignes. On y trouve tan rouge et takamaka, petit natte et bois de fer, corce blanc et bois de perroquet... C'est une forêt de secteur au vent, située entre 0 et 800 m d'altitude. On la rencontre aussi dans le secteur sous le vent entre 700 et 1 100 m. Cette forêt se trouve dans la région de Saint-Philippe (Mare Longue) et sur les remparts des vallées encaissées.

La forêt de bois de couleurs des Hauts se rencontre entre 700 et 1 500 m sur le versant est, et entre 1 100 à 1 900 m sur le versant ouest. Ce dernier type présente des aspects bien différents. Tout d'abord, la forêt de bois de couleurs des Hauts proprement dite, à la frondaison moins élevée, aux troncs plus tortueux, est peuplée d'essences typiques telles que mahot, bois de nèfles, mapou ou catafaille... Cette forêt sombre, aux troncs moussus et couverts de nombreux épiphytes (mousses, fougères, orchidées...), est moins pénétrable que celle des Bas. On la trouve à Bébour et à la base des remparts des cirques.

Viennent ensuite les fourrés à pinpins, forêt très humide, composée surtout de pandanus dont les branches basses forment, avec les sabres marrons et les fougères, un lacis inextricable. Seuls les fanjans et les palmistes peuvent en émerger et déployer leurs panaches. La forte humidité condamne les autres espèces au rachitisme. Ce type de forêt est surtout localisé dans les Hauts de l'Est.

La forêt de tamarins des Hauts est le troisième aspect de la forêt de bois de couleurs. Les tamarins dominent de leur haute frondaison les autres essences. On y trouve parfois le calumet en sous-étage. Ces formations sont localisées à Bélouve, dans les Hauts de l'Ouest et du Sud-Ouest, sur le plateau de la rivière de l'Est, à la plaine des Chicots et à la plaine des Fougères.

KIOQUE ET PANDANUS / PHOTO D.G.

Certaines essences introduites par l'homme se sont naturalisées et constituent aujourd'hui une menace pour la forêt réunionnaise. Ces « pestes végétales » se sont surtout propagées dans les forêts de bois de couleurs. Raisin marron, longose, goyavier, bringellier, sont parmi les plus envahissantes.

À ce tour d'horizon, il faut ajouter les forêts artificielles. Ce sont principalement 5 000 ha de cryptoméria du Japon, essence censée résister aux vents cycloniques, ce que la réalité viendra démentir. Ce sont aussi les filaos destinés à retenir les sols dans les cirques, les acacias anciennement liés à la culture du géranium et d'autres essences faisant l'objet d'une sylviculture localisée : benjoin, tamarin des Hauts, natte, camphrier, araucaria...

CASCADE DU BRAS D'ANNETTE AU GRAND ÉTANG, DANS L'EST / PHOTO D.G.

LE GRAND ÉTANG / PHOTO M.M

La cuisine réunionnaise

La cuisine, une philosophie ! L'art culinaire réunionnais confirme cette évidence. Chaque ethnie composant la mosaïque de la population créole a importé et conserve encore aujourd'hui ses pratiques et ses éléments culinaires d'origine. La cuisine ancestrale demande du temps, luxe que n'ont plus forcément les Réunionnais lancés dans le tourbillon de la vie moderne. L'association équilibrée riz, grains, brèdes, cari à la viande (pour les plus fortunés auparavant) et rougail constitue toujours le menu typique, et unique, disposé en dôme dans l'assiette.

Rien ne vaut la cuisine au feu de bois. La cocotte en fonte, élément fondamental, trône jusque dans les pique-niques qui réunissent la famille éparpillée, le temps d'un dimanche sous un kiosque réservé « gran matin » et bâché par temps humide. Le pilon pays, taillé dans un gros galet de rivière ou de grève, aide à la préparation du « piment crasé ». Un repas sans piment est-il concevable pour un vrai Créole ?

Les jeunes apprennent, à l'école d'abord, à apprécier les laitages, le pain, les desserts… Pâtisseries, boulangeries artisanales, plats cuisinés, pizzerias, tables d'hôtes se multiplient, mais la base de l'alimentation reste le riz.

Beaucoup de légumes et fruits anciens ne sont plus utilisés et tombent dans l'oubli. La tomate reste très présente, cuite ou crue, en préparation ou en « rougail pimenté ». Tout est utilisé dans la plante. Qui mieux qu'un gramoune (personne âgée) sait encore décou-

Plat créole de l'île de La Réunion : riz blanc, carry et achard de légumes / photo E.M.

per un chou en dentelle fine ? Le curcuma, le « safran péi », colore les plats. La pulpe de la gousse du tamarin des Bas est utilisée en pâte, en sirop ou en ingrédient dans le « rhum arrangé ». Celui-ci se décline à tous les fruits, agrémenté d'une gousse de vanille fendue. Chauffeur s'abstenir ! mais le randonneur l'appréciera au gîte le soir.
Quoi de meilleur qu'un carri « poulé péi » ? « Le goût, oté » !
Si certains n'apprécient guère le cari de tangue, qui refuserait un ti-jaque boucané, long morceau de viande de porc fumé, découpé en lardons mijotés, avec le fruit vert du jaquier haché menu ? Ou un cari de baba-figues aux crevettes ?

Le cabri massalé est servi entre autres lors des repas de fêtes religieuses indiennes.
Le rougail saucisse reste un régal, tous revenus confondus.
Le rougail morue devient hors de prix. Quelles « z'anguilles péi » vont encore se laisser prendre, et où ? Un gratin de chouchou ou de palmiste, un cari de camarons ou de langoustes au combava, un clafoutis de goyaviers ou un gâteau de patates douces moelleux à souhait, un sorbet au citron vert, se refusent-ils ?

Quelques **expressions créoles** imagées

Créole	Français
Komen i lé ?	Comment ça va ?
Koué ou fé ?	Qu'est-ce que tu fais ?
Koué la fait ?	Qu'est-ce qui se passe ?
Allon bat' karé ...	Allons faire un tour
Allon baré !	On s'en va ?
Où ça ou habite ?	Où habites-tu ?
Où ça i lé le sentié ?	Peux-tu me dire où se trouve le sentier ?
Koman ou apèl ?	Comment t'appelles-tu ?
Koué ou di ?	Qu'est-ce que tu dis ?
En sort' à ou !	Débrouilles-toi !
N'artrouv'..	On se retrouve / À bientôt
Na d'moune ?	Est-ce qu'il y a quelqu'un ?
Koça ou di à moin ?.	Qu'est-ce que tu me dis ?
Out' mangé lé bon !	J'ai apprécié votre repas !
ça lé gadiam	C'est super / C'est génial
Ou fé le coq !	Tu fais le fier / Tu fanfaronnes !
Fé kèt' choz ek out' peau !..	Il faudrait penser à vous prendre en charge ! / à vous occuper à faire quelque chose !
Espèr cuit	Opportuniste / Pique assiette
Là son canard lé noir !	Là, il est dans une situation inextricable
Li l'ariv en missouk	Il est arrivé sans que personne ne s'en aperçoive
Tak le barreau	Ferme le portail
Allé vend' la cend' !	Allez-vous faire voir ailleurs !
Arrêt' bat' la langue !	Cessez de mal parler !
Maloya	Danse pratiquée à l'époque de l'esclavage devenue l'une des forme de l'expression musicale créole
Un karo	Un champ (ex : champ de canne) / Un fer à repasser
Arrêt' mèt l'ariage !	Arrête de perturber le bon déroulement du travail

CARNET NATURALISTE

La faune de l'île

Dessins
Pascal Robin

La Réunion, les îles voisines et Madagascar font partie des 25 zones mondiales dont la conservation est prioritaire.

La jeunesse et l'isolement de l'île expliquent le petit nombre d'espèces animales, toutes protégées. Des quelques 70 décrites par les premiers naturalistes voici 350 ans, trente manquent déjà. Beaucoup sont endémiques, s'étant assez adaptées aux conditions locales pour créer des espèces nouvelles qui n'existent qu'à la Réunion ; elles sont toutes protégées.

En effet, si l'éloignement a favorisé ce phénomène, le milieu naturel est très vulnérable. Chasses et massacres, colonisation à outrance des terres, déforestation, incendies, défrichement, braconnage toujours actuel, hélas, prélèvements pour tisanes, introduction d'espèces envahissantes (porcs, rats, chiens, chèvres, chats) ont et font leur œuvre destructive. Le randonneur, pour sa part, veillera à ramener tous ses détritus, les rats montant à leur assaut puis détruisant les nichées.

Le tuit-tuit *(Coracina newtoni)*

Devenu rarissime, il est difficile à apercevoir. Cet échenilleur, appelé aussi merle blanc, est gris clair avec des ailes et une queue courtes noires. Très localisé dans les Hauts de Saint-Denis, devenus la réserve naturelle de la Roche Ecrite, il vit en solitaire ou en couple. La femelle pond deux œufs bleu-vert.

Le tec-tec *(Saxi-cola tectes)*

Cet oiseau doit son nom à son chant. Le *Saxi-cola tectes* est un insectivore. Ce traquet de La Réunion vit en altitude dans les milieux ouverts.
Il accompagne facilement le randonneur, voletant à ses côtés.
Très commun dans les forêts des Hauts, solitaire, les couleurs franches du mâle tranchent, dessus noir et dessous clair. La femelle est plus terne et pond trois œufs blanc-vert.

Le merle *(Hypsipetes borbonicus)*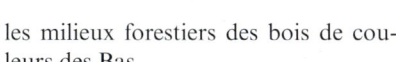

C'est un bulbul propre à La Réunion. Cet *Hypsipetes borbonicus* a été braconné pour son chant jusqu'en 1988. Difficilement observable, il vit à la cime des arbres et se nourrit d'insectes et de fruits. Sur sa couleur uniforme grise se détache le jaune des pattes et du bec.

Il possède un cri puissant et rend une palette de chants divers, parmi lesquels celui imitant le miaulement du chat est très troublant.

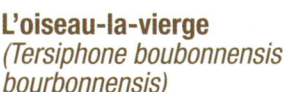

L'oiseau-la-vierge
(Tersiphone boubonnensis bourbonnensis)

Le « chakouat » (onomatopée de son cri) vit en couple ou solitairement dans les milieux forestiers des bois de couleurs des Bas.

Sa nourriture à base d'insectes vaut à ce *Tersiphone boubonnensis bourbonnensis* le nom de gobe-mouches-de-paradis.

Tête bleu nuit à reflets métalliques, plastron clair et longue queue rousse, ce mâle arbore une courte huppe érectile au sommet du crâne. La femelle à la tête grise pond 2 ou 3 œufs blanc-rosé.

Peu farouche, cet endémique des Mascareignes est « desolata » à Maurice, ou ici « z'oiseau malheur ». Le prendre à la colle, interdit désormais, priverait de tout autre prise pour la journée.

Son envol le long des sentiers est une symphonie de roux et d'élégance.

CARNET NATURALISTE

Le paille-en-queue
(Phaeton lepturus)

De la famille des pailles-en-cul à bec jaune, il est ce grand oiseau marin blanc souligné de noir à l'œil et l'aile ; il est commun sur tous les océans.
Deux très fines et très longues rectrices de 40 cm complètent l'élégance suprême du vol et doublent sa longueur, pour 90 cm d'envergure.
S'il pêche en mer, en partie au grand large après un plongeon vertical superbe, il niche sur les falaises le long des côtes et jusque dans les cirques et les ravines. La femelle pond un œuf unique.
Malgré son cri grinçant « kréék », cet oiseau des mers chaudes est admiré pour ses évolutions graciles et reste protégé à La Réunion.
« Bon vent, pailloc »

Le lézard vert des Hauts
(Phelsuma borbonica)

De la famille des Geckonidae, le genre *Phelsuma* contient deux espèces endémiques protégées à La Réunion et quatre introduites.
Autrefois présent dans toute l'île, du littoral jusqu'à 1 400 m d'altitude, aujourd'hui dans l'est, le gecko vert des forêts des Hauts a reculé avec la déforestation de la végétation indigène.
De taille moyenne, le mâle est plus grand et plus coloré que la femelle, avec une queue bleu turquoise.
Il se nourrit de petits insectes mais aussi du nectar des fleurs (bois de corail, losto café) et de fruits. La femelle assure 6 pontes de 2 œufs par an, collés à un support. L'incubation dure 60 à 100 jours.

Le caméléon *(Furcifer pardalis)*

Le caméléon, ou « endormi », se nourrit de moustiques et autres insectes « scotchés » sur le ruban fulgurant que constitue sa langue gluante. Originaire de Madagascar, le mâle est superbe dans sa livrée verte tachée de rouge. La femelle, plus discrète, se drape de marron. Tous deux jouent de leur mimétisme pour se confondre avec la nature. Son regard étrange est dû à la paupière ronde qui recouvre presque entièrement son œil situé au centre d'un cône mobile et au fait que chaque œil est indépendant. Fixer deux spectacles en même temps n'est-il pas tentant ? Les 20 œufs enterrés de la femelle mettront un an pour éclore.

Le tangue
(Tenrec ecaudatus)

Le tangue ressemble fort au hérisson mais ne peut pas se mettre en boule. Il se nourrit de vers et de racines. Il hiverne dès mai-juin en creusant un terrier et en ressort 5 mois plus tard.
La chasse est ouverte 2 mois. Il survit au braconnage constant du fait de sa fécondité importante. Sa chair est appréciée, fraîche ou boucanée.

Le papangue
(Circus maillardi mallardi)

Aussi appelé busard de Maillard, le papangue est le seul rapace de l'île. De grande taille, œil et pattes jaunes, bec noir crochu, le mâle est bigarré noir et gris clair, la femelle est brun clair avec des ailes grises.
Endémique, il est localisé dans tous types de milieux, principalement au-dessus des forêts, de 400 à 2 000 m, et suit généralement le cours des ravines. Ce rapace se nourrit essentiellement de petits oiseaux, de petits mammifères, d'amphibiens et de reptiles.
La période de nidification s'étend de décembre à fin mai. Le papangue niche au sol, généralement dans les clairières et les zones arbustives.
Son vol ample le porte au-dessus des vastes espaces. Il fut dans « le tan lontan » la hantise des basses-cours.

CARNET NATURALISTE

La flore de l'île

Dessins
Pascal Robin

◀ Le petit natte
(Labourdonnaisia calophylloïdes)

Spécifique à La Réunion, et à Saint-Philippe aujourd'hui, cet arbre de quinze à vingt mètres de haut peut s'enorgueillir d'un tronc atteignant parfois plus d'un mètre de diamètre. Son écorce est crevassée et de couleur claire. La touffe terminale peu développée de son feuillage épais se caractérise par des feuilles simples persistantes, des fleurs hermaphrodites et des fruits globuleux de deux centimètres de diamètre (présents de novembre à février) renfermant une graine.
Les arbres âgés de plus de soixante-dix ans sont très prisés. En effet, le bois est alors très résistant, et son grain très fin rose orangé foncera avec le temps. Désormais rare, il n'est travaillé qu'en ébénisterie.

Le change-écorce ▶
(Aphloia theiformis)

Le change-écorce se signale facilement par les larges plaques d'un brun noirâtre qui s'exfolient en permanence de son tronc. Cet arbre pouvant atteindre 10 mètres de haut, est très commun en forêt jusqu'à 2 000 mètres d'altitude.
Les feuilles épaisses comportent une bordure très découpée. La floraison d'octobre à mars présente de nombreuses étamines sans pétale. Le fruit a la forme d'une boule blanche.

◀ Le fanjan
(Cyathea borbonica)

Cette fougère arborescente indigène charme par l'équilibre de son port, rappelant celui du palmier. Ses frondes bipennées (fanjan mâle) et tripennées (fanjan femelle - *Cyathea glauca* ou *excelsa*) s'épanouissent en bouquet terminal jusqu'à dix mètres de hauteur sur un stipe grêle. Elle est très fréquente dans la forêt hygrophile, où elle se rencontre entre 500 et 2 000 mètres d'altitude. Protégée par la convention de Washington, il est interdit désormais d'utiliser son tronc, épaissi vers la souche racinaire aérienne tissée serré, pour la fabrication de pots de fleurs ou comme support d'orchidées.

Le fanjan mâle porte sur son tronc les cicatrices des frondes séchées détachées. Le fanjan femelle conserve la naissance de chaque fronde perdue et semble couvert d'écailles.

La fougère australienne *Cythea cooperi* introduite vers 1980 pour orner les jardins et les espaces publics et pour éviter le pillage du fanjan local, concurrence cette dernière et devient envahissante.

Le bois de corail ▶
(Chassalia corallioides)

Arbrisseau endémique de deux à cinq mètres de hauteur dont l'inflorescence rappelle, par ses axes ramifiés blancs ou roses, une branche de corail. Ajouté au blanc bleuté des fleurs, il offre en été tropical d'agréables tableaux fréquents dans les sous-bois humides. Les feuilles opposées ou verticillées possèdent un long pétiole.

CARNET NATURALISTE

LA FLORE DE LA RÉUNION

Les espèces envahissantes

Invasions animales et végétales provoquées par l'homme (animaux de compagnie, plantes exotiques d'ornement, raisons économiques, inconscience) participent au dépérissement de la biodiversité tropicale insulaire fragile de l'île, mais elles sont un problème mondial.

Animaleries, jardineries, élevages d'un petit nombre d'animaux particuliers prospèrent. Faune et flore atteignent désormais l'île en quelques heures d'avion, quand bien peu d'éléments avaient à l'origine vaincu la barrière de l'océan.

La convention de Washington de 1993 ne tient nul compte des risques d'envahissement par une espèce importée. Les introductions illicites (particuliers et trafic organisé) sont fréquentes.

L'entrée de La Réunion dans la sphère européenne encourage cette dégradation plus ou moins insidieuse et rapide.

Parmi les pestes végétales recensées, ayant pris leurs aises au détriment de l'espace des plantes indigènes, citons :
• le raisin marron (*Rubus alceaefolius*),
• la longose jaunâtre (*Hedychium flavescens*),
• les fuschias (*Fushia Boliviana*), ▶
• l'ajonc épineux (*Ulex europaeus*),
• la liane papillon (*Hiptage bengha lensis*),
• le choca vert (*Fucraea foetida*),
• le corbeille d'or (*Lantana camara linné*),
• le bringellier (*Solanum auriculatum*).

La protection du patrimoine réunionnais ne pourra se faire qu'au prix d'une éducation à l'environnement doublée d'un règlement spécifique réfléchi et appliqué réellement. De l'équilibre de la nature dépend la survie de l'homme.

Les filaos ▶

- Le *Casuarina equisetifolia* : filaos pays, introduit vers 1760, il pousse en basse altitude.
- Le *Casuarina cunninghamiana* : venu de Nouvelle-Hollande, il s'épanouit entre 500 et 1 500 m.
- Le *Casuarina glauca* : filaos multipliant, il colonise pentes, ravines et cirques. Il est originaire de Birmanie, de Malaisie et du nord de l'Australie. Leur tronc qui atteint vingt mètres est droit avec une écorce fendillée grise. Les feuilles réduites à ce qui ressemble à des aiguilles

> Le randonneur retiendra que toute espèce exotique est potentiellement envahissante et qu'aucun végétal frais n'est autorisé à l'entrée sans contrôle phytosanitaire. Il sait déjà qu'aucun prélèvement n'est autorisé, même fragmentaire.

offrent peu d'ombre et de prise aux vents. Les fleurs rouges, qui s'épanouissent en mars-avril, s'insèrent sur les branches. Les fruits en boules dures et piquantes protègent des graines vivaces durant trois ans.

Résistant et robuste, ses utilisations sont nombreuses : fixation du sable, support du « pied de vanille », boisement de protection contre le vent, bois de charpente très dur, brut ou équarri.

La canne à sucre
(Saccharum officinarum)

Herbacée fibreuse d'Asie du Sud-Est, la canne à sucre est une graminée. Culture pérenne, un cycle de plantation de 7 ans est défini en tenant compte d'une notion de rentabilité économique. Soumise à un cycle végétatif d'un an, la souche réémet de nouvelles talles après chaque récolte, qui s'effectue de juillet à décembre.

Lors de sa floraison annuelle, vers mai-juin, la canne porte une inflorescence blanchâtre ou rosée qui s'élève à trois mètres au-dessus du sol et embellit le paysage.

Cette culture, la plus importante de l'Ile avec ses 26 000 hectares, est pratiquée jusqu'à 900 mètres d'altitude dans la région sous le vent et 450 mètres dans la région au vent.

Deux sucreries se partagent la production cannière de La Réunion ; elles peuvent traiter deux millions de tonnes

CANNE À SUCRE / PHOTO M.C.F.S.

de canne pendant la campagne sucrière. Des tracteurs routiers équipés de remorques (les « cachalots ») assurent le transfert des cannes des 13 centres de réception aux usines sucrières qui, couplées chacune à une centrale thermique, transforment la bagasse (résidu fibreux de la canne après extraction du jus) en énergie électrique. Ce sous-produit de la canne est relayé par le charbon pendant l'inter-campagne sucrière.

Sur le secteur de Bois de Nèfles Coco à Saint-Louis, une adaptation spécifique au déchargement des cannes transportées en charrette, tirée par des bœufs, est toujours d'actualité.

Le sentier GR® R1
Le tour du piton des Neiges

GR® R1

Inauguré en 1979, le sentier de Grande Randonnée® de La Réunion n°1 (sentier GR® R1), long d'une soixantaine de kilomètres, ceinture le piton des Neiges. Il offre la possibilité de découvrir les trois cirques de l'île : Salazie, Cilaos et Mafate.

Il permet d'accéder au plus haut sommet, le piton des Neiges (3 071 m). C'est donc un parcours dans le cœur de l'île. Le sentier sur un terrain accidenté est fait essentiellement de montées et de descentes, parfois rudes, mais offrant une palette de paysages grandioses : Bélouve, Matarum, plaine des Tamarins, Grand Sable.

Le sentier GR® R1 est découpé en 6 étapes.

L'utilisateur du guide est libre d'organiser son circuit en fonction du temps dont il dispose, de sa forme physique et de ses intérêts.

Les 6 étapes du sentier GR®R1

n° 1 - De Hell-Bourg à la caverne Dufour / p.46 à 49	aller : 6 h 30	retour : 5 h 30
n° 2 - De la caverne Dufour à Cilaos / p.52 et 53	aller : 3 h	retour : 5 h
n° 3 - De Cilaos à Marla / p.56 à 59	aller : 6 h 30	retour : 5 h 30
n° 4 - De Marla à La Nouvelle / p.60 et 61	aller : 2 h	retour : 2 h 10
n° 5 - De La Nouvelle au Bélier / p.62 à 65	aller : 4 h 15	retour : 5 h
n° 6 - Du Bélier à Hell-Bourg / p.66 à 69	aller : 4 h 20	retour : 5 h

PLAINE DES TAMARINS / PHOTO M.M.

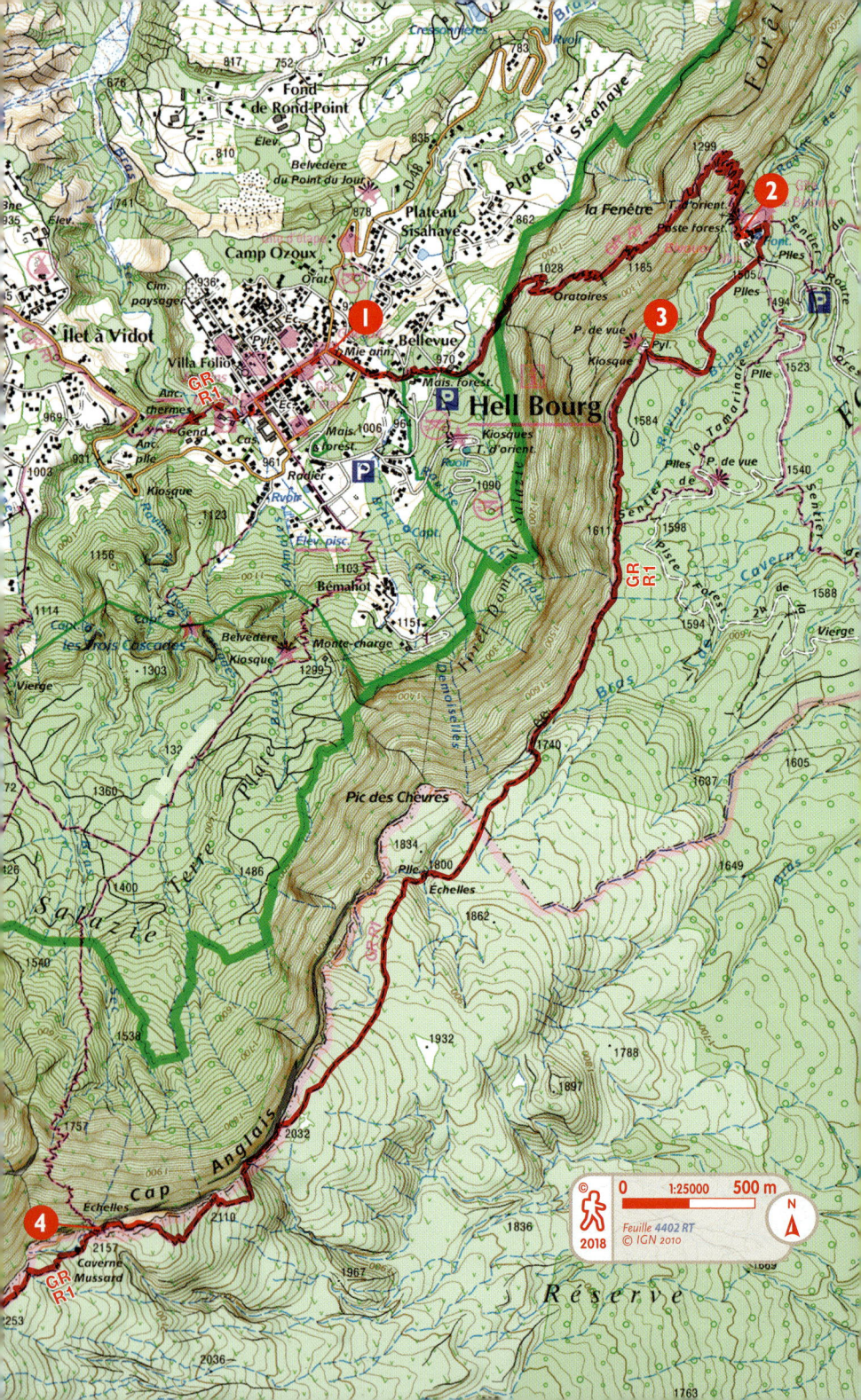

Étape n°1 / p. 46 à 49

aller : 6 h 30   retour : 5 h 30   **GR® R1**

De Hell-bourg au refuge de la caverne Dufour

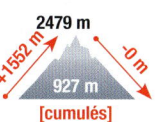

> ⚠ > **Attention : après le refuge de Bélouve, il n'existe plus aucun point d'eau.**

De Hell-Bourg au refuge de Bélouve — 2 h

À **Hell-Bourg** > 🏠 🏛 🛏 🚶 🛒 🍴 ☕ ℹ 🚌 🧺

À **Bélouve** > 🏠 🍴 ☕

❶ Le sentier GR®R1 démarre rue André-Fontaine au niveau de la mairie annexe de Hell-Bourg (927 m). Après 200 m, le sentier s'engage dans l'axe, monte entre bambous et chouchoux et débouche sur une aire de pique-nique, dans un boisement de cryptomérias. Dans le prolongement, commence l'ascension en larges lacets vers le refuge de Bélouve (1 505 m).

Du refuge de Bélouve à l'intersection du Cap Anglais — 3 h

❷ Au refuge de Bélouve, prendre la piste forestière sur environ 100 m, tourner à droite et emprunter une autre piste en direction du piton des Neiges (sud-ouest). Arriver à un point de vue [👁 > panorama sur le cirque de Salazie, la Roche Écrite, le Cimendef, le piton Fougères et le sommet du piton des Neiges].

❸ Le sentier traverse la forêt de bois de couleur et de branles, longe le rempart du cirque en ligne de crête pour arriver au lieu-dit Cap Anglais (2 157 m) (⚠ > **sentier toujours très boueux et glissant ! ; les aménagements sur la deuxième partie du tronçon permettent une progression plus aisée**). Une croix métallique marque l'intersection du Cap Anglais avec le sentier qui descend vers Terre-Plate ; le laisser à droite.

PORTION DE PISTE FORESTIÈRE SUR LE SENTIER DE L'ÉCOLE NORMALE À BÉLOUVE / PHOTO M.M.

Étape n°1 : de Hell-Bourg au refuge de la caverne Dufour

De l'intersection du Cap Anglais à la caverne Dufour — 1 h 30

Au refuge de la caverne Dufour >

4 À l'intersection du Cap Anglais, garder la direction pour dépasser la caverne Mussard, puis continuer la montée à proximité de la ligne de crête. Atteindre la caverne Dufour (2 479 m).

> Possibilité, à partir du point **5**, de se rendre au sommet du piton des Neiges *(itinéraire décrit p. 109)*.

HISTOIRE
HELL-BOURG

Blotti au pied du rempart de Bélouve et du piton des Neiges, et perché à 925 m d'altitude, le village d'Hell-Bourg était réputé pour la qualité de ses eaux thermales.

Son nom, attribué officiellement le 24 mars 1842, est issu de celui d'un gouverneur qui venait régulièrement en villégiature dans cet écart. Plus facile d'accès que le village de Cilaos, Hell-Bourg connut une certaine prospérité à partir de 1850 jusqu'au début du XXe siècle. Les gens aisés des Bas venaient s'y refaire une santé et profiter de la qualité de son climat.

La découverte, en 1832, de sources thermales, bonnes pour combattre l'anémie, les maux d'estomac et du foie, entraîna la création de la Société Anonyme de l'Établissement Thermal en 1852. Pour des raisons financières, elles furent délaissées au profit de celles de Cilaos. Les dégâts provoqués par le cyclone de 1948 signèrent l'abandon définitif des thermes d'Hell-Bourg.

Les ruines de l'établissement thermal ont été mises en valeur à des fins touristiques et de sauvegarde du patrimoine. Hell-Bourg est aujourd'hui apprécié pour le charme désuet de ses cases créoles finement restaurées et son cimetière pittoresque.

Le dimanche, de nombreux promeneurs affluent dans cet écart du cirque pour le pique-nique, la fraîcheur et la randonnée. De nombreux sentiers, partant du village, sillonnent le coin vers Bélouve, Terre Plate, Cap Anglais, la source Manouilh, Trou Blanc, le piton d'Anchaing, Grand Sable et la source Pétrifiante.

CIRQUE DE SALAZIE - LE PITON D'ANCHAING AVEC EN ARRIÈRE-PLAN LE CIMENDEF ET LA ROCHE ÉCRITE / PHOTO J.R.

GÉOGRAPHIE
LE MASSIF DU PITON-DES-NEIGES

Le massif du Piton-des-Neiges occupe les deux tiers de l'île, au nord-ouest d'une ligne Saint-Louis – plaine des Palmistes – Saint-Benoît. Son diamètre mesure environ 50 km. Son point culminant, le piton des Neiges, culmine à 3 071 m, ce qui en fait le plus haut sommet de l'océan Indien. On l'appelle le massif Ancien du fait de son antériorité par rapport au massif de la Fournaise. Le piton des Neiges est un volcan, même s'il n'a plus donné signe de vie depuis quelques 30 000 ans. De type hawaïen, il a émis des coulées de laves basaltiques fluides mais a cependant connu quelques périodes d'activité de type explosif. Trois profondes cavités, disposées en as de trèfles, se sont creusées au centre du massif : les cirques de Cilaos, Salazie et Mafate.

Effondrements et érosion ont modelé des formes originales : les îlets, îlots résiduels entourés de « bras » de rivières. L'érosion a également entaillé les pentes externes du massif, creusant ainsi le lit des grandes rivières (rivière Saint-Denis, rivière des Pluies, rivière des Marsouins, rivière des Roches...). Celles-ci délimitent ainsi des planèzes (plaine des Chicots, plaine des Fougères, plaine des Lianes, plaine des Bénares), aboutissant toutes à un sommet de l'île (Roche Écrite, Bé Massoune, Mazerin, Grand Bénare).

LE SOMMET DU PITON DES NEIGES / PHOTO S.L.

GÉOLOGIE
Les quatre phases d'identification du piton des Neiges

Phase I : Entre -3 et -2,1 millions d'années. Elle correspond à l'émersion d'un volcan dont la base se trouve à 4 000 m de profondeur. C'est la période des « brèches primitives ». On peut voir des roches datant de cette période dans le fond des cirques et de leurs rivières (rivière des Galets, rivière du Mât, rivière des Fleurs Jaunes, Bras Rouge) ainsi que dans le massif du village de la Montagne.

Phase II : Entre -2,1 millions et -430 000 ans. C'est la période la plus longue. Les laves émises sont fluides. Elles constituent l'ossature du piton des Neiges. Elles construisent un volcan bouclier. À la fin de cette période le sommet s'effondre, donnant naissance à une première caldeira. À la suite de cet affaissement, l'activité volcanique connaît un répit relatif d'environ 80 000 ans.

Phase III : Entre -350 000 et -250 000 ans. Durant cette période, le volcanisme, d'abord effusif, devient explosif. Il se localise surtout dans les actuels piton des Neiges et Gros Morne. Cette phase se termine avec la formation d'une caldeira. C'est à ce moment que s'édifie le piton de la Fournaise sur le flanc sud-est du piton des Neiges.

Phase IV : Entre -200 000 et -30 000 ans. La deuxième caldeira est remplie par des coulées. L'activité est explosive et se concentre sur le sommet de l'actuel piton des Neiges (les scories rouges au sommet du piton datent de cette période). Quatre cirques se dessinent au cours de cette période. Le quatrième, celui des Marsouins, sera comblé par les dernières coulées du piton des Neiges. Il devient le plateau de Bébourg. Aujourd'hui le piton des Neiges est en sommeil, le volcanisme actif s'est déplacé vers le sud-est avec les manifestations de la Fournaise.

Vue aérienne du piton des Neiges et gîte de la caverne Dufour / photo S.L.

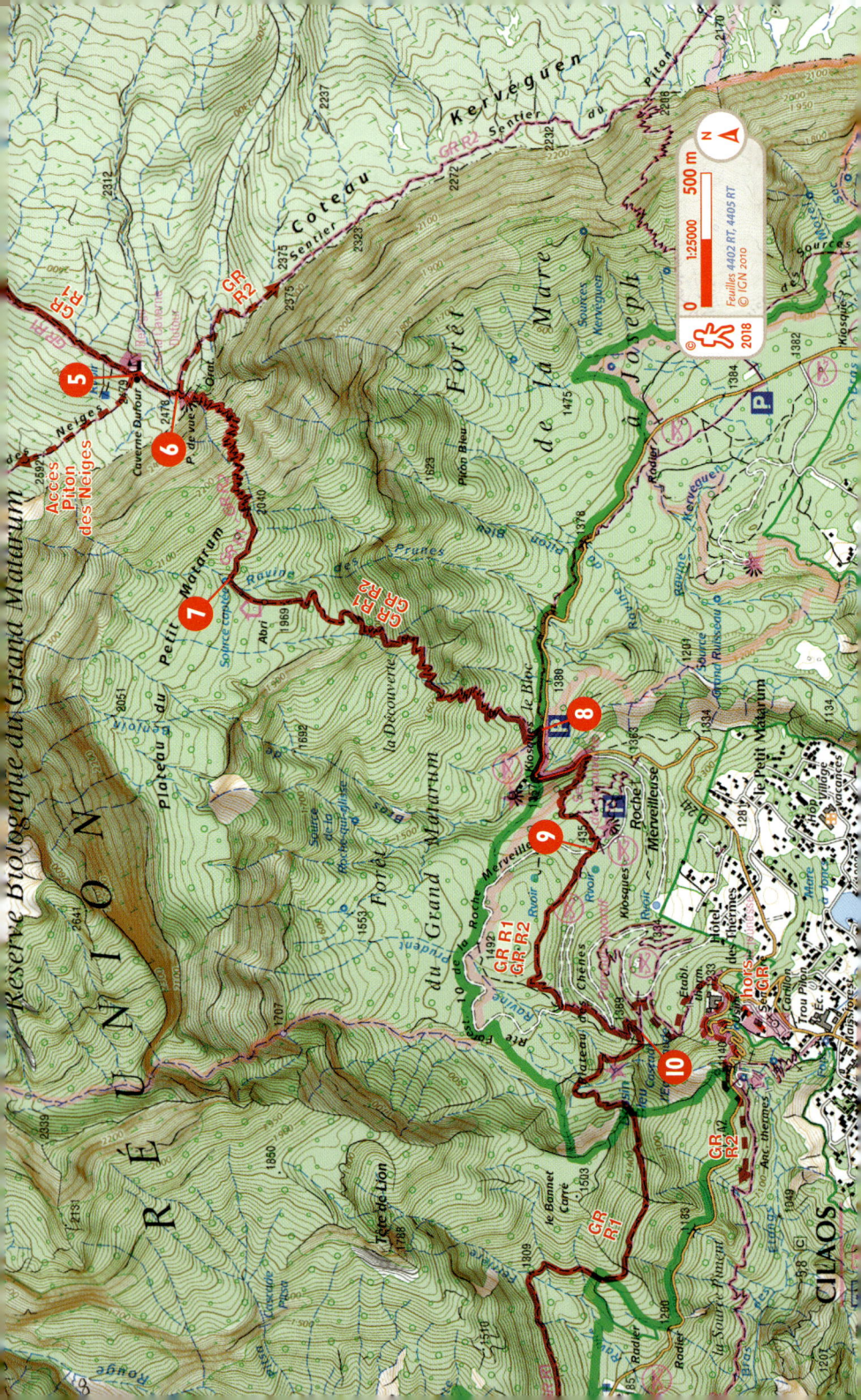

Étape n°2 / p. 52 et 53 aller : 3 h   retour : 5 h   **GR® R1**

De la caverne Dufour
au plateau des Chênes (Cilaos)

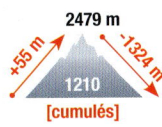

⚠️ > À partir de la Caverne Dufour, le prochain point d'eau potable se situe à la Roche Merveilleuse. Le point d'eau du petit Matarum, utilisé couramment, n'est pas connecté à un réseau d'eau potable.

De la caverne Dufour à un croisement — 10 min

5 À la caverne Dufour, continuer par le sentier en face et atteindre un croisement (2 478 m)
> Jonction avec le sentier GR®R2 qui vient de Kervéguen.

Du croisement au Bloc — 1 h 50

Au plateau du Petit Matarum > 🏠 *et eau*

6 Au croisement, plonger dans le rempart de la réserve naturelle du Matarum et, après une longue descente, parvenir au plateau du Petit Matarum (présence d'un abri).

7 Poursuivre la descente qui devient moins éprouvante et arriver sur la D 241 au Bloc (point d'eau) (1 380 m).

Du Bloc au croisement du plateau des Chênes (Cilaos) — 1 h

À Cilaos > 🏨 🏛️ 🛒 🍴 ☕ 🚌 ℹ️

8 Au parking du Bloc, suivre la route à droite *(point d'eau sur une zone de pique-nique avant le pont)*. Dépasser le radier du bras de Benjoin d'environ 250 m. Reprendre le sentier GR®, puis traverser le parking pour rejoindre le GR® en face.

9 Traverser la route forestière 10 et s'engager sur un chemin à droite dans la continuité du sentier. Couper par deux fois la route forestière de la Roche Merveilleuse puis descendre à un croisement au plateau des Chênes *(bifurcation du bassin Bleu et de l'établissement thermal)* (1 340 m).

> Séparation avec le sentier GR®R2 qui descend sur Cilaos.
> Accès à Cilaos centre : suivre le chemin de gauche (sentier GR®R2 – 15 min – blanc-rouge), direction Cilaos par les thermes.

HISTOIRE
LES JOURS DE CILAOS

Vers 1900, Angèle Mac Auliffe, fille de médecin aux thermes, introduit la technique des « jours » (vides résultant de fils retirés d'un tissu, en général blanc) à La Réunion. Le type de broderie est celui dit des « jours anciens ». L'atelier qu'elle monte regroupe environ vingt jeunes femmes. C'est le premier stage de broderie du cirque. À sa mort, les brodeuses ainsi formées peuvent transmettre leur art aux générations suivantes. Nappes, napperons, sets, mouchoirs sont autant d'ouvrages brodés de lys, fleurs de grenadine, quadrillages, croix de Malte. Les prix pratiqués sont en rapport avec le travail fourni. Aujourd'hui, l'imagination et le voyage ont généré de jolies formes et des motifs rivalisant de beauté et de signification. Depuis 1984, Cilaos possède une Maison de la Broderie. Mais la relève est incertaine…

HISTOIRE
Cilaos

Cilaos, « l'endroit qu'on ne quitte pas », *tsilaosa* en malgache, est limité par le rempart des Bénare, le massif des Salazes, le coteau Kerveguen et le rempart du Dimitile. C'est l'un des lieux, sans doute, les plus visités de l'île.
On accède à Cilaos par une route étroite qui serpente dans un paysage de montagnes déchiquetées. L'aspect retranché du village, le climat agréable, la multitude de sites pittoresques font le charme de ce cirque. Quelques six mille habitants se répartissent sur 4 îlets : Îlet à Cordes, le plateau des Étangs sur lequel est érigé le village de Cilaos, Bras Sec et Palmiste Rouge.
Les premiers habitants des lieux furent des Noirs marrons. La première concession fut attribuée à îlet à Cordes en 1826, à un esclave qui avait aidé à déjouer une révolte de Noirs à Saint-Leu.
En 1815, des sources thermales furent découvertes. Un sentier tracé en 1836 permet d'y accéder, mais il est dangereux et peu praticable.
De nouvelles concessions furent attribuées à partir de 1862 et le docteur J. M. Mac-Auliffe arrivé en 1900 ouvre un petit établissement thermal en 1939. Les eaux de Cilaos attirent alors de plus en plus de monde et une route devient nécessaire. Les travaux de construction entamés en 1927 s'achèvent en 1935. Le cyclone de 1948 détruit les installations thermales et le village perd de son intérêt. Cilaos devient commune en 1965 après avoir fait partie de la commune de Saint-Louis. Aujourd'hui, les broderies, le vin et les lentilles, produits dans ce cirque bien adapté à leur culture, sont très prisés.

La mare à Joncs (Cilaos) / photo S.L.

De nouveaux thermes ont été construits : l'établissement Irénée-Accot a donné un second souffle au cirque. Cilaos, au pied du piton des Neiges, est le point de départ de nombreux circuits de randonnée. Il est traversé par les sentiers GR®R1 et R2.

GÉOGRAPHIE
KERVAL

Situé au pied du Gros Morne, le plateau de Kerval surplombe l'îlet de Marla. Le promeneur s'y rend, accueilli par quelques vaches qui paissent paisiblement à côté d'une petite mare. Il ne lui reste plus qu'à se laisser bercer par la tranquillité du site et le chant de l'eau qui suinte des sources en amont.
Le Kerval permet de s'approcher au plus près du Gros Morne, sommet inaccessible pour le randonneur. C'est aussi le lieu d'où l'on peut admirer sous un angle avantageux les Trois Salazes, ces blocs rocheux qui, telles des sentinelles, montent la garde entre Cilaos et Mafate.
Le matin, quand le Morne de Fourche s'illumine aux premiers rayons du soleil et se reflète dans la mare, le spectacle devient féerique.

Étape n°3 / p. 56 à 59 | aller : 6 h 30 | retour : 5 h 30 | **GR® R1**

Du plateau des Chênes (Cilaos) à Marla

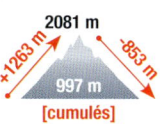

2081 m
+1263 m   -853 m
997 m
[cumulés]

Du plateau des Chênes à la D 242 — 2 h 30

❿ Au croisement du plateau des Chênes, suivre à droite le sentier du Bassin Bleu qui franchit plusieurs ravines, contourne à flanc le Bonnet Carré puis la Tête de Lion. En quelques lacets, descendre sur la D 242 à hauteur de la desserte de l'îlet du Bois Rouge [👁 > panorama sur l'îlet à Cordes et la cascade de Fleurs-Jaunes].
La D 242 est la seule route qui désenclave l'îlet à Cordes.

⓫ Traverser la route pour plonger en direction du bras Rouge.

⓬ Traverser à gué la rivière et grimper en face.

> Jonction avec le sentier GR®R2 venant par la gauche de Cilaos.

⓭ Poursuivre la montée et déboucher de nouveau sur la D 242 (1 253 m).

L'ÎLET DES TROIS SALAZES (CILAOS) / PHOTO S.L.

• 57

Étape n°3 : du plateau des Chênes (Cilaos) à Marla

De la D 242 au col du Taïbit — 3 h

À l'îlet des Salazes > eau

14 Traverser la D 242, prendre en face un sentier s'élevant en direction de l'îlet des Salazes (1 566 m) *(accueil : tisane, eau, camping…)*. Dépasser l'îlet.

15 Laisser à droite le sentier vers cap Bouteille et continuer sous les pins. Contourner la source Ti-Louis. La plaine des Fraises précède la dernière portion escarpée avant le col du Taïbit (2 081 m) [> points de vue sur les cirques de Cilaos et de Mafate].

Du col du Taïbit à Marla — 1 h

16 Du col du Taïbit, la descente très pentue demande une attention soutenue (⚠ **> prudence !**). Un peu avant le hameau, laisser à gauche le sentier qui mène à Trois Roches pour enfin entrer dans Marla (1 600 m).

> Jonction avec le sentier GR®R3. Les sentiers GR®R1, R2 et R3 sont communs sur une courte portion.

HISTOIRE
MARLA

Juché sur un plateau à 1 620 m d'altitude, à l'aplomb du Grand Bénare, Marla est le plus haut de tous les îlets du cirque de Mafate. Son nom est issu du mot malgache *marolahy*, signifiant beaucoup de gens. Ses premiers occupants, venus de Grand Ilet pour élever des moutons, s'installent vers 1913. Peu à peu, la population augmente. Aujourd'hui, l'îlet compte entre 30 et 40 habitants.
Aujourd'hui, le sentier qui mène au plateau de Kerval est définitivement fermé. L'élevage bovin sur le plateau de Kerval et sur les pentes du Taïbit constitue, avec celui du cerf de Java, l'activité principale de cet écart. Autrefois son beurre était réputé.
Avant la construction de la N 5, Marla était une étape sur le principal axe de ravitaillement de Cilaos, à dos de boeufs bâtés.
Si l'exode, le déboisement et la sécheresse donnent un aspect de désolation à cet îlet jadis plein de vie, l'activité touristique, avec l'implantation de gîtes et de tables d'hôtes, inverse néanmoins la tendance, tant le cadre est prenant.

MARLA (MAFATE) / PHOTO M.C.F.S.

Étape n°4 / p. 60 et 61

aller : 2 h | **retour : 2 h 10** | **GR®R1**

De Marla à La Nouvelle

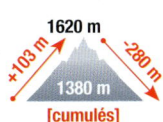

De Marla à l'intersection des sentiers GR® R1, R2 et R3 — 30 min

À Marla >

17 De Marla, dépasser une chapelle et continuer tout droit à travers un élevage de cerfs de Java. Arriver à Maison Laclos.

18 Garder la même direction pour traverser la ravine Kerval et poursuivre vers la plaine des Tamarins. Arriver à l'intersection des sentiers GR® R1, R2 et R3 (1 500 m).

> Séparation avec le sentier GR® R3 qui va à la plaine des Tamarins.

De l'intersection des sentier GR® à La Nouvelle — 1 h 30

À la Nouvelle >

19 À l'intersection, descendre à gauche. À la stèle de Joset Ethève, emprunter la passerelle qui surplombe le cours d'eau naissant de la rivière des Galets. Le sentier rejoint, à gauche, celui qui vient de la Maison Laclos *(passage à gué)*. Virer à droite et parvenir à une croix.

20 Ignorer le sentier à droite, délicat par endroit, et prendre celui de gauche.

21 À l'intersection (1 515 m), laisser à gauche la direction plaine aux Sables. Attaquer à droite le raidillon qui débouche au Bord de Mars.

22 De là, commence une descente rapide et escarpée pour arriver sur une partie de sentier plat ; une légère remontée mène à La Nouvelle (1 430 m).

> Séparation avec le sentier GR® R2.

REMPARTS ET PITONS DE MAFATE / PHOTO M.M.

Étape n°5 / p. 62 à 65   aller : 4 h 15   retour : 5 h   **GR® R1**

De La Nouvelle au Bélier

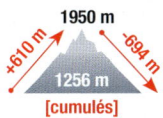

> ⚠ > Après La Nouvelle, il n'existe plus aucun point d'eau jusqu'au village du Bélier.

De La Nouvelle à la plaine des Tamarins   1 h 20

23 En quittant La Nouvelle rester bien sur le sentier principal sentier GR®. De multiples intersections jalonnent l'itinéraire vers de nombreux points de vue *(ne pas en tenir compte)*. La plaine des Tamarins (1 765 m) atteinte, l'itinéraire chemine dans une tamarinaie aux troncs modelés par l'âge et les cyclones successifs.

> Jonction avec le sentier GR® R3.

De la plaine des Tamarins au col de Fourche   45 min

24 À la plaine des Tamarins, monter en face en direction du col de Fourche par un sentier aménagé de rondins. Arriver à une intersection.

> Séparation avec le sentier GR® R3.

25 Attention à ne pas suivre à gauche le sentier GR® R3 dans un tournant discret qui mène au col des Bœufs, mais démarrer tout droit l'ascension en direction du col de Fourche (1 942 m).

👁 > Du col, vue surplombante sur les cirques de Mafate et de Salazie. Une statue de la Vierge veille d'un petit promontoire.

HISTOIRE
LA NOUVELLE

Cet îlet, le plus peuplé de Mafate (150 habitants en 2000) et le plus accessible, aller-retour dans la journée par le col des Bœufs, reçoit en permanence la visite de randonneurs. La Nouvelle est en quelque sorte la « capitale » de Mafate, peuplée à l'origine de colons venus de Saint-André au cours du XIXᵉ siècle. La prospérité vint au début du XXᵉ siècle avec l'élevage de bœufs et de moutons.

Vers 1950, la vie de cet écart est marquée par un déclin relatif entraînant l'exode de sa population. Mais aujourd'hui, La Nouvelle fait preuve d'un réel dynamisme. L'îlet, producteur d'essence de géranium, cultive aussi des lentilles, du maïs, des haricots pour l'approvisionnement, insuffisants pour les tables d'hôtes ; et pratique l'élevage bovin sur la plaine des Tamarins.

LA NOUVELLE, DANS LES CONTREFORTS DE LA PLAINE DES TAMARINS ET DU PITON DES NEIGES / PHOTO M.M.

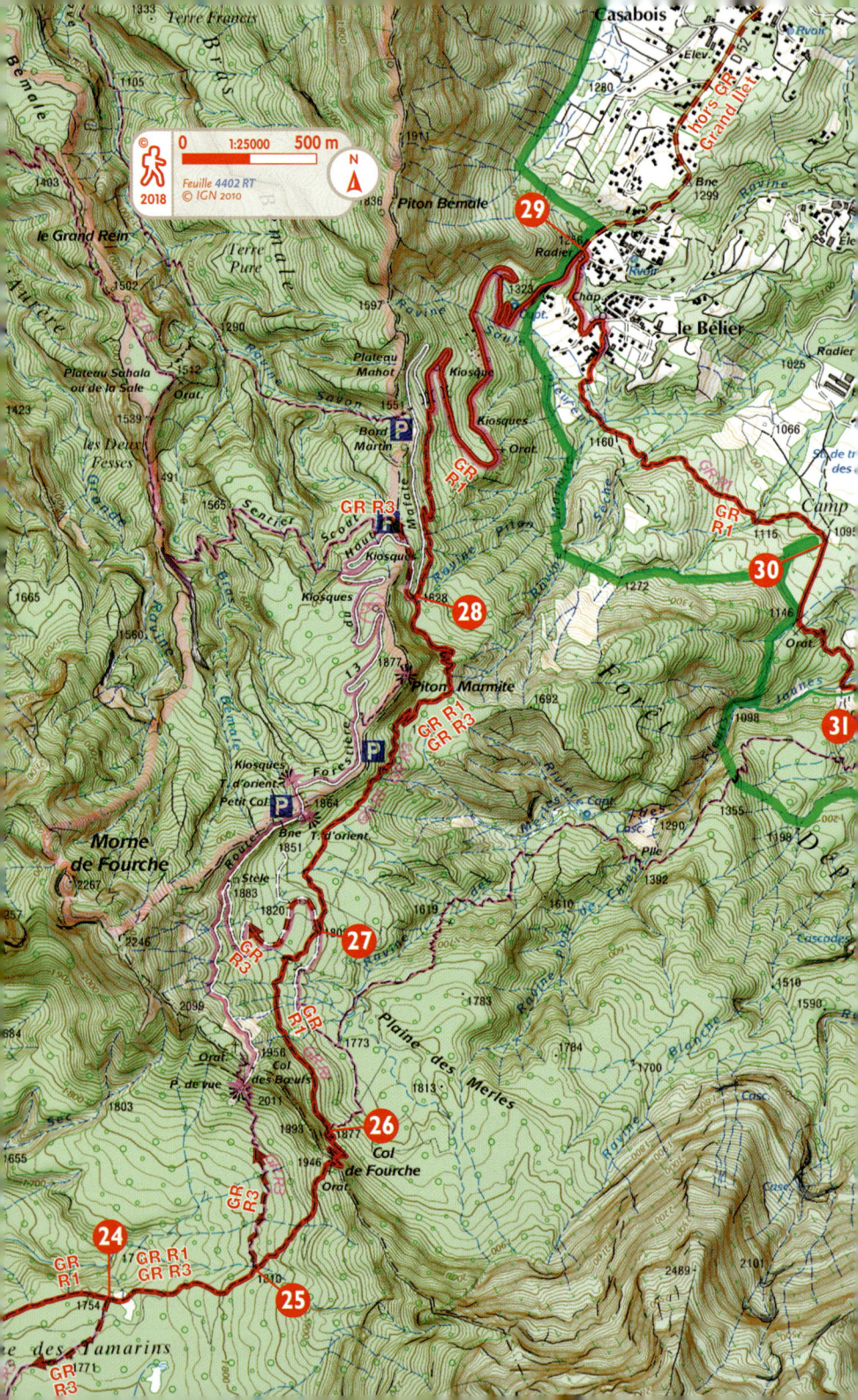

Étape n°5 : de La Nouvelle au Bélier

Du col de Fourche à la route forestière 13 1 h

26 La descente en aplomb du col de Fourche se profile avec de légers passages en désescalade (marches hautes). À la bifurcation, redoubler d'attention pour éviter le sentier qui mène au Grand Sable. Prendre à gauche vers le piton Marmite. La pente se fait plus douce. Arriver sur la piste forestière 13.

> Jonction avec le sentier GR® R3.

27 Couper la route pour continuer sur le sentier dans le prolongement en direction du Bélier ; il contourne par l'est le piton Marmite et débouche dans un virage de la route forestière 13 (1 628 m).

> Séparation avec le sentier GR® R3 qui suit la route à gauche.

De la route forestière 13 au village du Bélier 1 h 10

Au Bélier >

28 L'itinéraire continue en contrebas de la route forestière, permettant d'éviter plusieurs virages, et la rejoint à nouveau. Emprunter désormais la route jusqu'à la D 52 qui dessert le village du Bélier (1 256 m).

Hors GR® > pour Grand Îlet 40 min

Suivre la D 52 à gauche jusqu'au centre de Grand Ilet.

GÉOGRAPHIE
LE COL DE FOURCHE

Véritable entaille dans la crête allant du Morne de Fourche au Gros Morne, le col de Fourche est l'un des trois passages, avec le col des Boeufs et le Bord Martin, entre Mafate et Salazie. Situé à 2 009 m d'altitude, c'est aussi le plus sportif.
Il surplombe la plaine des Merles d'un côté et la plaine des Tamarins de l'autre, deux écrins pour l'œil : vers l'est, le cirque verdoyant de Salazie et, vers l'ouest, le cirque bien plus sec de Mafate. du col du Taïbit au Maïdo en passant par le Grand Bénare.

LE SENTIER DE LA PLAINE DES MERLES / PHOTO S.L.

Étape n°6 / p. 66 à 69 — aller : 4 h 20 — retour : 5 h — **GR®R1**

Du Bélier à Hell-Bourg

1256 m
+610 m / -770 m
683 m
[cumulés]

 > Il n'y plus de point d'eau jusqu'à Hell-Bourg.

Du Bélier à l'intersection de Grand Sable — 1 h 40

29 Du Bélier, prendre la route à droite jusqu'à une chapelle. De là, démarre à droite le sentier en direction d'Hell-Bourg. Après les ravines Saules et Piton Marmite Pleureur agréablement ombragées par des filaos, gravir un raidillon pour arriver au plateau du Camp Pierrot. L'itinéraire débouche sur un sentier carrossable (1 095 m).

30 Tourner à droite pour retrouver un peu plus loin le sentier à gauche (1 146 m). Passer devant un oratoire ; la descente assez accentuée amène à traverser à gué la ravine des Fleurs Jaunes (1 018 m).

31 Laisser à droite le sentier venant du col de Fourche pour passer à gué la ravine du Grand Sable. Remonter en bordure rectiligne d'une plantation de filaos fixant l'éboulis du Gros Morne. Arriver à l'intersection de Grand Sable (1 065 m).

De l'intersection de Grand Sable au sentier du piton d'Anchaing — 1 h 20

À Grand Sable (à l'ouest du piton Lélesse) >

32 À l'intersection de Grand Sable, laisser à droite le sentier venant de Trou Blanc. Le sentier bordé de goyaviers contourne le piton Lélesse et serpente en pente douce jusqu'à la jonction avec le sentier du piton d'Anchaing (740 m).

HISTOIRE
GRAND SABLE

« Le 26 novembre 1875, entre 5 h 30 et 6 h du matin, elle entendit un bruit semblable au grondement du tonnerre, et qui se prolongea pendant 15 à 20 secondes. Puis elle ressentit une forte secousse accompagnée d'un fracas épouvantable… Le sol trembla. Elle se rendit bien compte de ce qu'elle ressentait et se dit *qu'à moins que quelque corps énorme ne fût tombé du ciel, c'était les montagnes qui s'écroulaient.* » Ce passage est extrait du rapport du docteur Jacob de Cordemoy sur la catastrophe du Grand Sable. Des experts envoyés sur les lieux font un triste constat : le village a disparu et avec lui 62 des 65 habitants de cet îlet. Un pan entier de montagne s'est détaché du flanc du Gros Morne, entraînant dans sa course les habitations. Aujourd'hui, aucune trace ne subsiste, sinon un vaste plan incliné planté d'une belle forêt de filaos. D'autres accidents de ce type ont eu lieu ailleurs à La Réunion, moins meurtriers : dans cette île géologiquement jeune, les risques existent, après de très fortes pluies notamment. Des études pour le repérage des zones sensibles ont été menées et la mise en place d'un plan de surveillance évite que ces accidents ne se transforment en catastrophes.

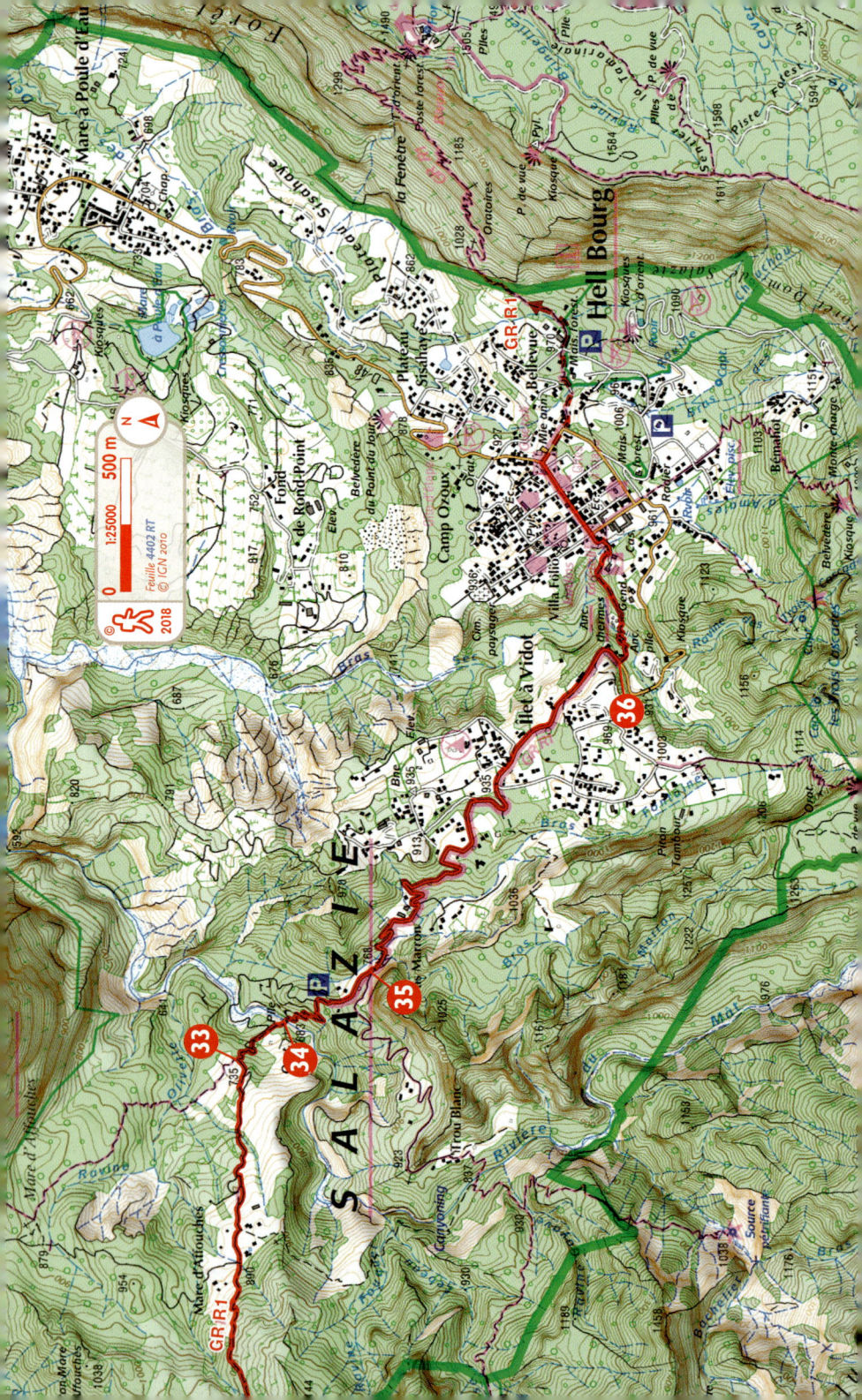

Étape n°6 : du **Bélier** à **Hell-Bourg**

Du sentier du piton d'Anchaing **à** Hell-Bourg   1 h 20

À Hell-Bourg >

33 Du départ du sentier du piton d'Anchaing, bifurquer à droite pour descendre à la rivière du Mât.

34 Franchir la rivière par la passerelle. Une montée intense d'environ 20 min mène à un parking.

35 Délaisser à droite la piste venant de Trou Blanc et rejoindre la D 48 en direction de l'îlet à Vidot.

36 Sur la D 48, prendre le sentier à gauche () ; traverser le bras Sec à gué pour rejoindre les anciens thermes. Une dernière montée débouche en plein village d'Hell-Bourg (927 m). Par la rue en face, retrouver le départ.

ENTRÉE DE HELL-BOURG / PHOTO M.M.

Le sentier GR® R2
La traversée de l'île du nord au sud sauvage

Le sentier de Grande Randonnée® de la Réunion n°2 (sentier GR® R2) propose la traversée de l'île. Il permet de relier en une dizaine de jours le littoral nord au littoral sud en passant par les cirques de Mafate et de Cilaos, le col du Taïbit (2 081 m), la caverne Dufour (2 479 m) et l'oratoire Sainte-Thérèse (2 410 m). D'une longueur approximative de 130 km, le sentier GR® R2 offre l'île dans toute sa diversité (îlets, villages, relief, végétation). Il démarre dans l'agglomération de Saint-Denis, à la Providence, et promène le randonneur dans les plantations de l'ONF, les bois de couleurs, les tamarins des Hauts, les formations éricoïdes de haute altitude, la végétation dégradée des cirques, l'aspect lunaire de la plaine des Sables et les forêts humides du sud-est. Il serpente dans les deux cirques, s'étire dans les pâturages de la plaine des Cafres et aboutit dans la région du Volcan. Le sentier GR® R2 se confond par moment avec les sentiers GR® R1 et R3. Il est découpé en 12 étapes. L'utilisateur peut à sa convenance combiner son parcours selon le temps dont il dispose, ses attentes, sa condition physique.

Les 12 étapes du sentier GR®R2

n° 1 - De La Providence à la plaine des Chicots / p.72 à 79	aller : 6 h 30	retour : 5 h
n° 2 - De la plaine des Chicots à Dos d'Ane / p.82 à 85	aller : 3 h 30	retour : 4 h 30
n° 3 - De Dos d'Ane à Aurère / p.86 à 89	aller : 4 h 40	retour : 5 h 30
n° 4 - D'Aurère à Grand-Place les Hauts / p.90 et 91	aller : 4 h	retour : 5 h
n° 5 - De Grand-Place à Roche Plate / p.94 et 95	aller : 5 h 30	retour : 5 h 30
n° 6 - De Roche Plate à Marla / p.98 à 101	aller : 6 h 30	retour : 6 h
n° 7 - De Marla à Cilaos / p.102 à 105	aller : 5 h 30	retour : 6 h
n° 8 - De Cilaos à la caverne Dufour / p.106 et 107	aller : 5 h 30	retour : 4 h
n° 9 - De la caverne Dufour à Bourg Murat / p.112 à 117	aller : 4 h 45	retour : 6 h
n°10 - De Bourg Murat au gîte du Volcan / p.118 à 123 Ce parcours sera modifié dans les prochains mois, suivre le nouveau balisage qui sera apposé.	aller : 5 h 30	retour : 5 h
n°11 - Du gîte du Volcan au gîte de Basse Vallée / p.128 à 137	aller : 6 h 10	retour : 7 h 30
n°12 - Du gîte de Basse Vallée à Basse Vallée / p.138-139	aller : 2 h	retour : 2 h 30

FOUGÈRES ARBORESCENTES / PHOTO M.C.F.S.

Étape n°1 / p. 72 à 79

aller : 6 h 30 — **retour : 5 h** — **GR® R2**

De La Providence au gîte de la plaine des Chicots

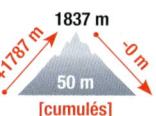
1837 m
+1787 m / -0 m
50 m
[cumulés]

De La Providence (Saint-Denis) au Brûlé — 2 h 30

À Saint-Denis >

Au Brûlé >

❶ Le point de départ se situe à la Providence (50 m), quartier de Saint-Denis. Prendre l'allée de l'ONF jusqu'à une aire de pique-nique où démarre un sentier quelque peu escarpé. Progresser dans une régénération de benjoins, de camphriers et autres essences. Laisser à droite un sentier d'interprétation. Traverser un chemin d'exploitation. Poursuivre dans une plantation de camphriers pour retrouver le chemin ; le suivre sur environ 250 m. Prendre le sentier à droite jusqu'à un banc en bois aménagé. Partir à droite et cheminer longuement dans une allée champêtre de bambous gaulette. Déboucher sur une petite route ; la prendre à gauche pour entrer dans le village du Brûlé à hauteur de l'église (822 m).

Départ du GR® R2 à La Providence / photo ONF

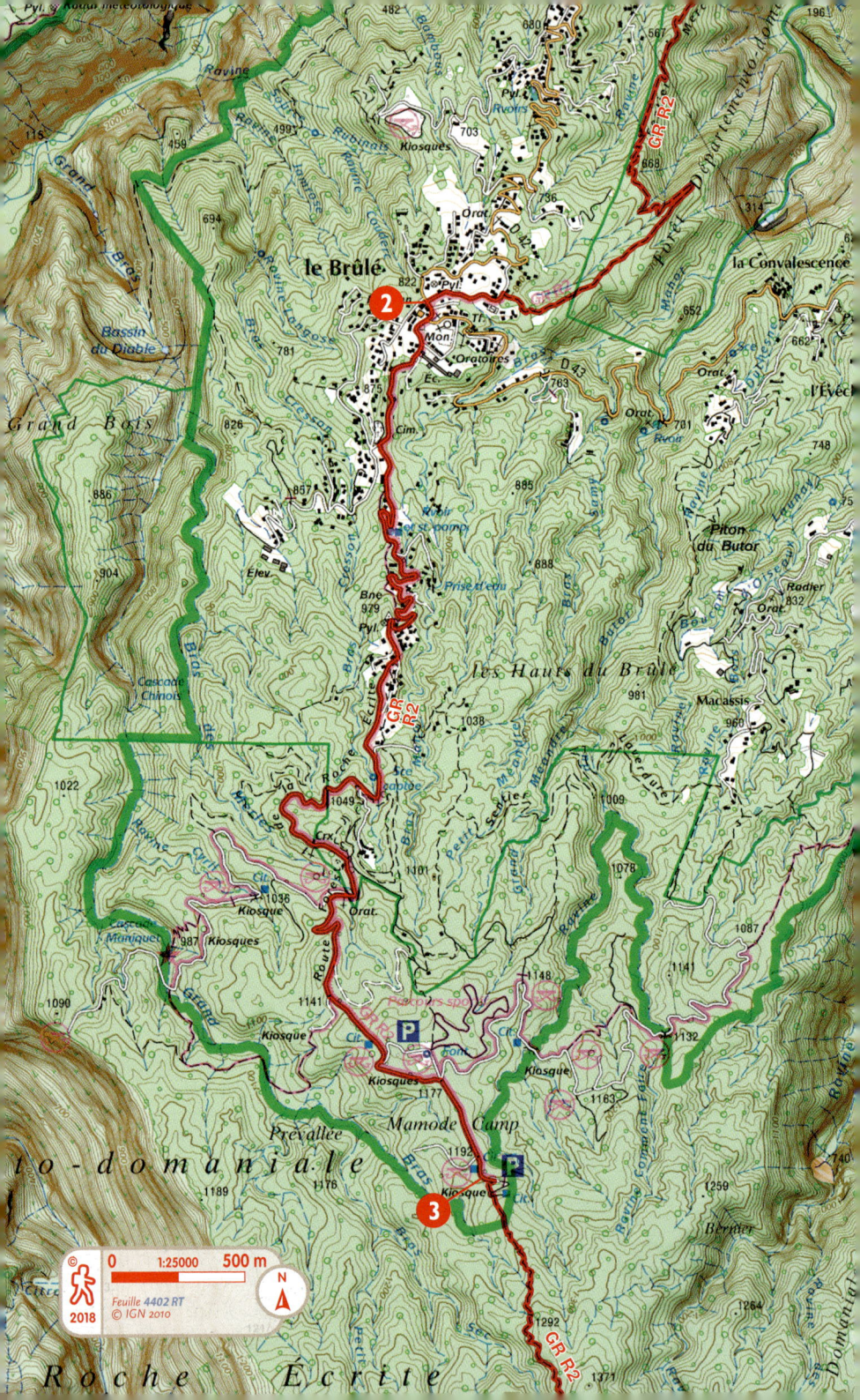

Étape n°1 : De La Providence au gîte de la plaine des Chicots

Du Brûlé à Mamode Camp — 1 h 30

❷ Au Brûlé, remonter la D 42, puis emprunter à gauche la route forestière de la Roche Écrite jusqu'au panneau indicateur « Roche Écrite ». Prendre alors un sentier avec de nombreuses marches ; il coupe plusieurs fois la route forestière (⚠ **> bien suivre le balisage**) pour déboucher finalement sur une aire de pique-nique à la lisière d'une forêt de cryptomérias. Reprendre la route jusqu'au parking de Mamode Camp (1 192 m) (⚠ **> dernier point d'eau avant le gîte de Roche Écrite**).

MILIEUX NATURELS
LA ROCHE ÉCRITE

La Roche Écrite s'étend sur 3 635 ha dans les hauts de Saint-Denis et de la Possession. On y accède depuis les villages du Brûlé ou de Dos d'Âne.

Une réserve a été créée en 1999, avant d'être intégrée au Parc national en 2005, afin de protéger la dernière population de « tuit-tuit » *(Coracina newtoni)* qui n'existe qu'à La Réunion. Il ne reste qu'une trentaine de couples de cet oiseau autrefois abondant. Tous sont situés sur environ 16 km^2 à l'intérieur du Parc. Le site de la Roche Écrite abrite également une très grande variété de milieux naturels étagés entre 340 et 2 270 m d'altitude, allant de la forêt de bois de couleurs des Hauts aux landes d'altitude, en passant par la tamarinaie.

Du fait de magnifiques points de vue sur les cirques de Mafate et de Salazie, et de la proximité de Saint-Denis, ce site attire de très nombreux visiteurs. Environ 44 km de sentiers (dont 12 en sentier GR®) permettent aux randonneurs, sportifs et amateurs de nature d'en découvrir les richesses. Une zone d'accueil à la plaines des Chicots peut les recevoir pour la nuit (gîte et repas). La Société d'Étude d'Ornithologie de la Réunion (la SEOR) suit et étudie l'évolution des populations de tuit-tuit. Depuis novembre 2010, le projet Life+ CapDOM, premier programme européen de protection de la nature inter-DOM, porte en partie sur la sauvegarde du tuit-tuit. Pour le sauver, la SEOR teste une nouvelle méthode de contrôle des rats à large échelle sur le territoire du parc national à la Roche Ecrite.

LA MER DE NUAGES DEPUIS LE BELVÉDÈRE DE LA ROCHE ÉCRITE / PHOTO D.G.

GÉOGRAPHIE
LE BARACHOIS

Signifiant à l'origine « bassin », probablement des mots malgaches *bara* et *soa* c'est-à-dire « bon passage », le Barachois est avant tout un lieu de promenade, à proximité de l'embouchure de la rivière Saint-Denis. Il fut construit à l'origine pour le débarquement et l'embarquement des marchandises. Plus tard, une jetée, des bâtiments de marine et de douane complèteront le site. Mais, très exposé, il subit tout au long de son histoire les affres des cyclones.

Aujourd'hui, la jetée a été renforcée, des espaces verts et des aires de jeu aménagés, des parkings construits. Cafés et restaurants se sont installés le long de la route nationale, portion transformée en rue piétonne le dimanche après-midi. Un projet de parc aquatique est à l'étude.

La forte fréquentation, la proximité des bâtiments publics (préfecture, radio, mairie) font du Barachois un site de prédilection pour manifestations en tous genres. Les feux d'artifices du 14 juillet et du 20 décembre sont réputés. Les quelques gênes occasionnées, les embouteillages par exemple, ne sont que la rançon de sa gloire.

Espace de rencontre, le Barachois est le lieu de référence des Dionysiens.

LE BARACHOIS / PHOTO M.M.

GR® | R2

Le sentier GR® R2 en direction de la plaine des Chicots / PHOTO S.L.

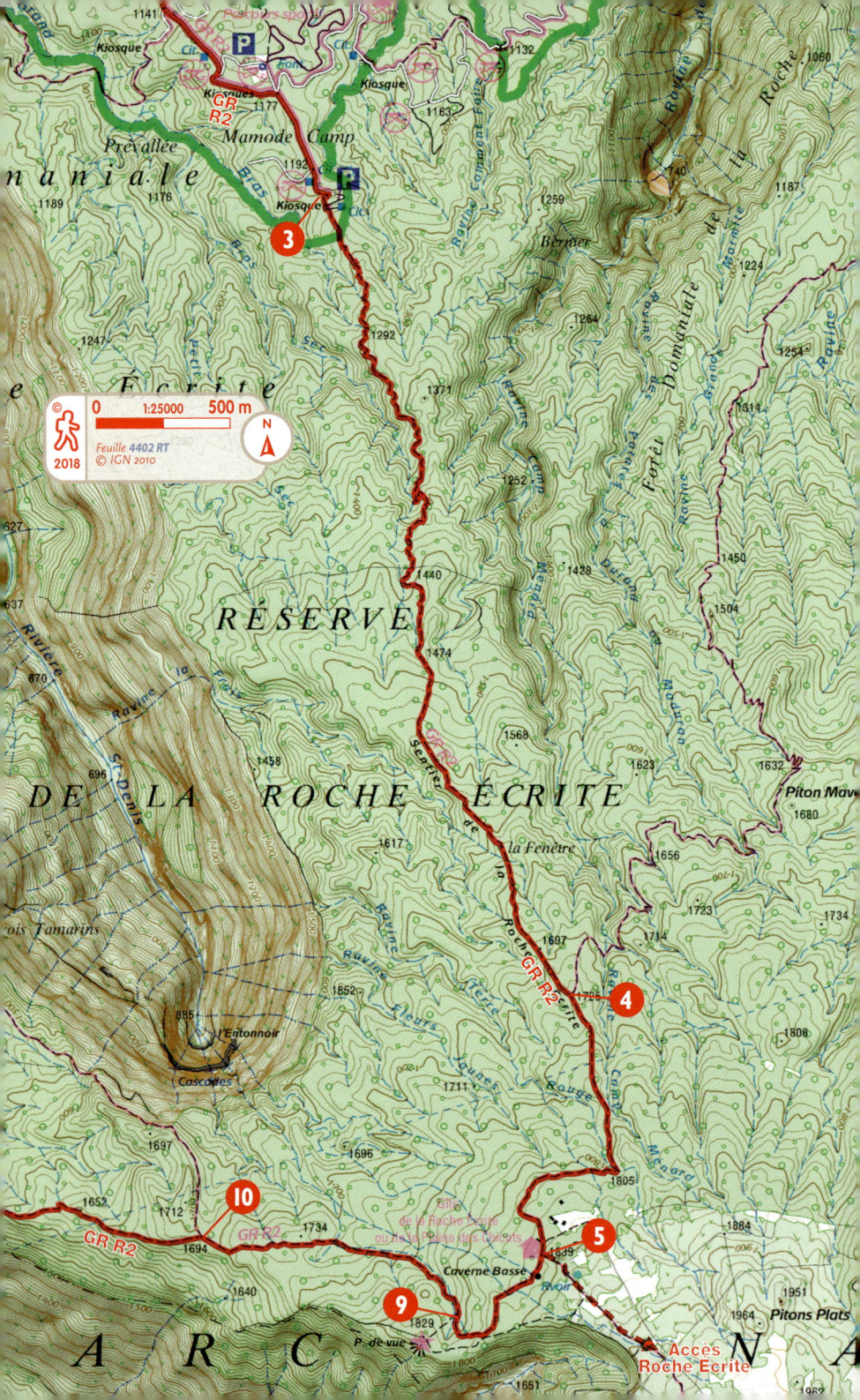

Étape n°1 : De **La Providence au** gîte de la plaine des Chicots

De **Mamode Camp au** gîte de la plaine des Chicots   2 h 30
À la Roche Écrite >

> Début de la Réserve Naturelle de la Roche Écrite.

❸ Après le départ du sentier qui se situe à gauche du kiosque de Mamode Camp, le sentier s'élève sous les cryptomérias puis chemine en pente douce dans une forêt primaire. Il marque un dénivelé plus accentué jusqu'à sa jonction avec le sentier de Bois de Néfles.

❹ Continuer à droite sous les tamarins associés au calumet *(Pastus borbonicus)*, bambou endémique. Le sentier traverse deux petites ravines et une forêt d'eucalyptus avant d'entreprendre le dernier raidillon menant au gîte de la plaine des Chicots (1 837 m).

FAUNE ET FLORE
LES TAMARINS

Le seul vrai tamarinier *(Tamarindus indica)* donne un fruit en forme de gousse brune, consommé mûr, nature ou en sirop. Lui et le tamarin de l'Inde *(Pithecellobium dulce)* poussent de préférence en basse altitude, dans les régions semi-arides de l'ouest. Le tamarin des Hauts, dont la longévité atteint plusieurs siècles, est endémique de La Réunion. Cet *Acacia hétérophylla*, à la feuille en forme de lame à l'âge adulte, possède un tronc court et noueux et un feuillage bleuté. Comme le petit tamarin des Hauts *(Sophora dénudata)* qui, lui, garde ses feuilles juvéniles bipennées et se couvre de fleurs jaunes, il se rencontre en haute altitude entre 1 200 et 2 000 m. Sa graine a besoin de lumière pour germer. Son bois tendre, léger et de couleur jaune pâle, est fort prisé en ébénisterie ; il fournit également du bardeau pour les toitures et les revêtements de façades extérieures.

FLEUR DE TAMARIN DES HAUTS / DESSIN P.R.

MAMODE CAMP (LE BRÛLÉ) / PHOTO E.M.

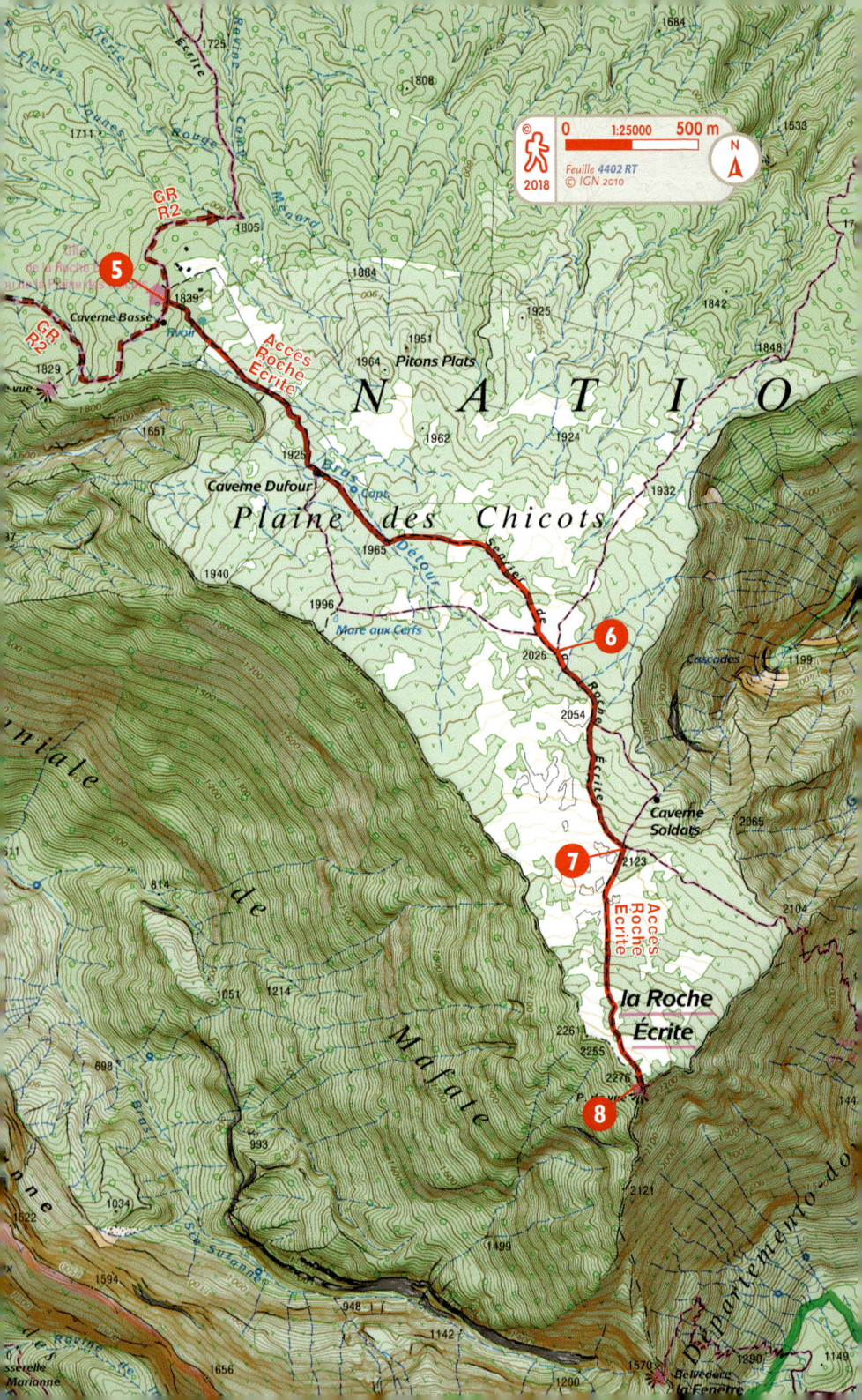

Accès

aller : 1 h 30   retour : 1 h   **GR®R2**

Accès à la Roche Écrite

> Sentier à faire avec beaucoup de précaution par temps de brouillard !

Du gîte au sommet de la Roche Écrite   1 h 30

5 Au gîte de la plaine des Chicots, laisser à droite le sentier GR® R2. Suivre à gauche un sentier à travers les branles. Repérer ensuite le marquage au sol (flèches blanches) à chaque intersection menant au sommet visible. Attention à ne pas prendre à droite le sentier partant vers la caverne Dufour (1 925m). La plaine des Chicots traversée, arriver à une bifurcation (2 020 m).

6 Laisser à gauche le sentier qui plonge sur la Bretagne. Poursuivre la montée.

7 De même, aux intersections suivantes, rester sur l'itinéraire de droite et atteindre ainsi le sommet de la Roche Écrite (2 276 m) [> vue plongeante sur le cirque de Salazie et une partie de Mafate].

8 Revenir au gîte de la Roche Écrite, par l'itinéraire emprunté à l'aller.

HISTOIRE
LE CIRQUE DE SALAZIE

Cerné par le plateau de Bélouve, la chaîne des Salazes, le Morne de Fourche, le Cimendef, la Roche Écrite et le Bé Massoune, Salazie est le plus vert et le plus vaste des trois cirques de La Réunion. Situé au nord-est du piton des Neiges, il impressionne toujours le visiteur par la luxuriance de sa végétation et les mille et une cascades, dont le célèbre Voile de la Mariée, qui dévalent ses remparts. Salazie vient du malgache *soalazy* qui signifie « bon campement ». Le village proprement dit de Salazie fut érigé au lieu-dit Petit Sable. Comme les deux autres cirques, Salazie fut d'abord le lieu de retraite des esclaves marrons qui ont notamment laissé leurs noms à plus d'un site ou sommet (Anchaing, Cimendef, etc.). Vers 1830, les dégâts causés par les cyclones sur les cultures amenèrent les colons blancs de Saint-André à s'installer aussi sur les terres de Salazie. La découverte de sources thermales dans la région d'Hell-Bourg accéléra cette colonisation. Salazie est, à cette époque, un district de St-André. En 1899 seulement, le cirque fut érigé en commune. Mare à Poule d'Eau, Mare à Goyaves, Mare à Citrons, Bois de Pommes…, les sites de Salazie possèdent tous des noms évocateurs. Aujourd'hui, le cirque est réputé pour son légume emblème, le chouchou, originaire du Brésil. L'agriculture reste l'activité principale de ses 7 000 habitants. Petites unités de production, les exploitations agricoles se sont spécialisées dans les cultures maraîchères et fruitières. L'élevage à dominante porcine et avicole a pris une place importante dans ce cirque et en particulier sur les secteurs de Grand-Îlet, le Bélier et Camp Pierrot. L'artisanat et le tourisme viennent compléter ces activités qui doivent cohabiter. Les atouts touristiques de Salazie ne manquent pas. Ses routes, la D 48 et la D 52, serpentent à travers un paysage géomorphologique fragile mais attractif. Les petites cases, au fond de jardins amoureusement entretenus, laissent au visiteur le souvenir de l'authenticité créole. Salazie dispose d'un important réseau de sentiers ; c'est un intéressant point de départ pour des balades vers les plaines, le piton des Neiges, Cilaos et Mafate.

Étape n°2 / p. 82 à 85   aller : 3 h 30   retour : 4 h 30   **GR® R2**

Du gîte de la plaine des Chicots à Dos d'Âne

⚠ > Il n'existe plus aucun point d'eau entre le gîte de la Roche Écrite et Dos d'Âne.

Du gîte de la plaine des Chicots au point géodésique 1492 m   1 h 30

❺ Au gîte de la plaine des Chicots prendre à droite en direction de la plaine d'Affouches en passant devant la caverne Basse. La descente vallonnée à travers la forêt de bois de couleurs et de tamarins des hauts conduit à proximité du rempart.

❾ Poursuivre jusqu'à l'intersection avec le sentier de la Plaine d'Affouches.

❿ Continuer vers Dos d'Âne [> le cirque de Mafate se découvre]. Après environ 2,5 km, arriver au point géodésique (1 492 m).

LE GÎTE DE LA PLAINE DES CHICOTS (OU GÎTE DE LA ROCHE ÉCRITE) / PHOTO E.M.

Étape n°2 : du gîte de la plaine des Chicots à Dos d'Âne

Du point géodésique (1 492 m) à Dos d'Âne — 2 h

À Dos d'Âne >

11 Du point géodésique (1 492 m) poursuivre en face *(à droite, arrivée d'un sentier venant de la route forestière 20)*. En contrebas du piton Fougères, la descente se fait plus rapide. Atteindre un croisement (1 239 m).

12 L'itinéraire passe contre la Roche Verre Bouteille puis suit à nouveau la ligne de crête. Après une courte montée, parvenir à un point de vue (1 306 m). Continuer alors la descente pour gagner le parking de la route forestière du Cap Noir.

13 Suivre cette route jusqu'à la D 1. Prendre à gauche la départementale jusqu'au centre du village de Dos d'Âne (918 m).

FAUNE ET FLORE
LA BIBE

La bibe vit dehors et tisse sa toile, la babouk chasse à l'intérieur. Dans les araignées caractéristiques de la première catégorie se remarque la *Nephila inaurata* (à abdomen jaune soufre) et la *Nephila negra* (à l'abdomen noir). Le mâle, dix fois plus petit, se tient à l'extérieur de la toile et se signale à la femelle avant de s'approcher pour l'accouplement. Puis il s'enfuit, risquant d'être dévoré. Laissons vivre ces brodeuses patientes dont les toiles à la pluie sont autant de dentelles perlées.

NEPHILA INAURATA MÂLE / DESSIN P.R.

VILLE DU PORT VUE DU SENTIER KALLA À DOS D'ÂNE / PHOTO E.M.

Étape n°3 / p. 86 à 89 — aller : 4 h 40 — retour : 5 h 30 — GR®R2

De Dos d'Âne à Aurére

953 m
+701 m / -688 m
252 m
[cumulés]

> ⚠ Il n'existe plus aucun point d'eau entre Dos d'Âne et Aurére.

De Dos d'Âne à la Porte — 2 h

14 De l'église de Dos d'Âne, continuer par la rue sur environ 250 m, pour trouver le départ de l'itinéraire sur la gauche.

15 Le sentier du Bras de Sainte Suzanne pique dans le rempart en rive droite de la rivière des Galets. Fortes pentes et replats se succèdent pour atteindre l'îlet Albert puis rejoindre le Bras de Sainte-Suzanne, affluent de la rivière des Galets (252 m). Le traverser à gué. Arriver à la jonction des deux cours au lieu-dit des Deux Bras.

> ⚠ Prudence après Deux Bras : passage impossible après de fortes pluies !

16 L'itinéraire serpente dans le lit de la rivière des Galets. Le remonter vers l'intérieur du cirque jusqu'au lieu-dit la Porte (281 m).

FAUNE ET FLORE
LES PAPILLONS

La Réunion possède quelques papillons endémiques et protégés ; ils seraient d'origine africaine et se sont bien adaptés au climat local : ils priseraient les Hauts, l'été, et descendraient en hiver dans les Bas. Ces papillons sont victimes des mouches tachinaires, introduites pour lutter contre un des leurs devenu envahissant (le *Papilio demodocus*, jaune tâché de noir).

Le *Papilio phorbanta* présente des tâches, bleu métallique sur noir pour le mâle, blanches sur brun foncé pour la femelle. Sa grosse chenille verte et jaune se nourrit de feuilles d'agrumes et du patte poule piquant (*Toddalia asiatica*) endémique.

L'*Antanartia borbonica* est en voie de disparition. De couleur jaune et marron, il aime les zones boisées et humides où pousse le bois d'ortie qui l'héberge. Sa chenille brune, aux plaques blanchâtres et couverte de protubérances, se construit un abri sur les bords d'une feuille qu'elle découpe et colle de fil de soie.

ANTANARTIA BORBONICA / DESSIN P.R.

Étape n°3 : de Dos d'Âne à Aurère

De la Porte à une bifurcation — 50 min

17 À la Porte, bifurquer à gauche pour contourner un ouvrage du basculement des eaux. Le sentier grimpe à flanc de falaise.

18 Au carrefour de la source Cabris (420 m), continuer à grimper à gauche en direction d'Aurére et atteindre une seconde bifurcation (500 m).

> Jonction avec le sentier GR® R3.

De la bifurcation à Aurère — 1 h 50

À Aurère >

À la bifurcation, prolonger la montée par quelques lacets passant sous la corniche du piton Cabris, le cap Miné. Dépasser la source Bambou et par une forte grimpée arriver à Bord Bazar (953 m) [> point de vue permettant de découvrir la partie basse de Mafate]. Emprunter à gauche le sentier qui conduit à Aurère (926 m).

AURÈRE AU PIED DU PITON CABRIS / PHOTO J.R.

Étape n°4 / p. 90 et 91 aller : 4 h   retour : 5 h   GR®R2

D'Aurère à Grand Place

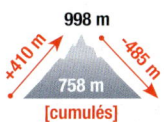

D'Aurère à l'îlet à Malheur — 50 min

À l'îlet à Malheur >

19 Au hameau d'Aurère, contourner le dispensaire et prendre à droite en direction de l'îlet à Malheur. À une intersection de sentiers, prendre celui de droite. Progresser au travers d'une plantation de chouchoux, pour arriver à un embranchement. Continuer la descente et franchir bras Bémale par la passerelle. Le chemin remonte, enjambe vers la droite la ravine Carreau Chouchou et arrive à l'îlet à Malheur (859 m) [👁 > remarquer la cloche sur le portant devant la chapelle].

De l'îlet à Malheur à la Plaque — 40 min

20 À l'îlet à Malheur, garder la direction pour traverser la ravine Jozon et atteindre le carrefour de la Plaque (877 m).
> Séparation avec le sentier GR® R3.

De la Plaque à l'îlet à Bourse — 1 h

À l'îlet à Bourse >

21 À la Plaque, bifurquer à droite. Franchir la Grande Ravine et après quelques virages arriver à l'îlet à Bourse (894 m).
👁 > Un unique sentier traverse l'îlet qui comprend notamment une école et un dispensaire.

De l'îlet à Bourse à Grand-Place — 1 h 30

À Grand-Place >

22 De l'îlet à Bourse, le sentier GR® R2 plonge vers le bras Doussy qu'il traverse à gué. Une rude remontée en terrain glissant (⚠ > **prudence !**) conduit à un oratoire. Amorcer la descente jusqu'à une intersection. Ignorer un sentier qui passe par le plateau de Gousse, pour grimper à gauche jusqu'à une arête (998 m). Basculer alors sur le versant ouest qui accueille Grand-Place (770 m).

GRAND-PLACE LES HAUTS (MAFATE) / photo M.M.

PATRIMOINE BÂTI
La route des Tamarins

Voie express ouverte à la circulation depuis le 23 juin 2009, la route des Tamarins se situe sur les premiers contreforts des pentes du littoral Ouest entre Saint-Paul et l'Étang Salé.

Reliée de part et d'autre aux deux fois deux voies venant du Sud et du Nord, elle permet d'assurer une liaison rapide du Tampon à Saint-Benoît, exception faite de l'entrée Ouest de Saint-Denis, entre le pont Vinh-San et la route du Littoral.

Elle esr identifiée sous l'appellation route des Tamarins en référence au tamarinier (*Tamarindus indica*) couramment rencontré dans la région que traverse cette route.

À ne pas confondre avec la route Forestière des Tamarins qui se situe à 1 500 mètres d'altitude et qui doit son nom aux forêts des Tamarins des hauts (*Acacia hétérophila*).

Cette route franchit un nombre important de ravines qui prennent naissance sur les hauts de la planèze des Bénares. Les ouvrages d'art réalisés sur cet itinéraire sont remarquables, dont quatre à caractère exceptionnels qui retiennent l'attention des usagers de cette route. Soit :
- le viaduc de Saint-Paul
- le viaduc de la Ravine des Trois-Bassins
- le viaduc de la Grande Ravine
- le viaduc de la Ravine Fontaine

Route des Tamarins / photo R.I.

ÎLET DES LATANIERS (MAFATE) / PHOTO M.M.

Étape n°5 / p. 94 et 95

aller : 5 h 30 | retour : 5 h 30 | GR®R2

De Grand-Place à Roche Plate

De Grand-Place au croisement du piton Tortue — 40 min

23 À Grand-Place, prendre la direction de l'école et poursuivre la descente. Atteindre un croisement (586 m).

24 Le sentier à gauche conduit au hameau de Cayenne. Suivre le sentier à droite qui passe au pied du piton Papangue. Dépasser une chapelle et parvenir à un croisement du Piton Tortue (500 m).

> Jonction avec le sentier GR® R3.

Du croisement du piton Tortue à la bifurcation des Lataniers — 1 h 20

25 Du croisement, descendre à gauche jusqu'à la rivière des Galets ; la franchir par la passerelle.

26 Remonter à gauche par un sentier très pentu. Parvenir à une bifurcation pour l'îlet des Lataniers (552 m).

> Un « p'tit bondié », un oratoire, signale le sommet du rempart, mais non la fin de la montée.

Hors GR® > pour l'îlet des Lataniers   5 min
Prendre le chemin à gauche.

De la bifurcation des Lataniers à l'îlet des Orangers — 1 h 30

À l'îlet des Orangers >

27 À la bifurcation des Lataniers, poursuivre en délaissant par deux fois à gauche un sentier qui traverse le hameau. S'engage alors la remontée étroite vers l'îlet des Orangers.

28 Ignorer sur la droite le sentier de la canalisation des Orangers. Après le captage, passer à gué la ravine des Orangers qui se faufile à travers un canyon et monter par la gauche à l'îlet des Orangers.

> L'îlet des Orangers s'étire sur un plateau étroit sculpté par l'érosion, enclavé entre deux ravines.

De l'îlet des Orangers à Roche Plate — 2 h

À Roche Plate >

29 Traverser l'îlet des Orangers en prenant la direction de la Brèche vers le sud. Traverser à gué la ravine du Maïdo (898 m), puis la ravine Grand-Mère avant de monter à la Brèche.

30 Laisser sur la droite le sentier qui escalade le rempart du Maïdo. Prendre le sentier en face : il descend rapidement sur Roche Plate (1 132 m).

MILIEUX NATURELS
Le Parc National de La Réunion

Les espaces naturels les plus remarquables des hauts de La Réunion bénéficient, depuis 2007, d'un classement en Parc national et du haut niveau de protection environnementale attaché à ce label. La reconnaissance internationale de ce territoire d'exception a été renforcée avec l'inscription au patrimoine mondial en 2010 des « Pitons, cirques et remparts », qui coïncident avec la zone cœur du Parc national et dont l'établissement public assure la gestion.

Etagé de 0 à plus de 3 000 mètres sur 40 % de l'île, le cœur du Parc national offre aux visiteurs des paysages grandioses à la beauté spectaculaire et qui abritent une biodiversité exceptionnelle, tant pour la flore que pour la faune. Il est ceinturé par une « aire d'adhésion », territoire rural, qui a des liens écologiques et paysagers privilégiés avec le cœur. La charte du territoire, en cours d'élaboration, rassemble les partenaires locaux, au premier rang desquels les communes, autour d'objectifs partagés sur ces espaces.

L'établissement public du Parc national a des missions d'accueil, d'aide à la découverte du territoire et de partage des éléments de compréhension de ses patrimoines naturel, culturel et paysager. Pour les mener, il développe de nombreux partenariats avec des acteurs locaux.

Il collabore avec les gestionnaires des domaines public et privé responsables de l'entretien et de l'aménagement de sentiers. Il veille avec eux à l'intégration paysagère harmonieuse des aménagements. Il valorise également les richesses patrimoniales du Parc en s'appuyant étroitement sur la démarche d'interprétation qui vise une mise en tourisme des territoires, tel que l'itinéraire « Route des Laves », favorisant une découverte originale, sensorielle et inédite des sites.

Ses agents, reconnaissables sur le terrain à leur tenue spécifique, mènent tout au long de l'année des actions de sensibilisation des visiteurs fréquentant les sites touristiques, mais également des publics jeunes, en temps scolaire et pendant les vacances. Ils sont également présents lors des manifestations nationales ou mises en place par les collectivités locales.

L'établissement se consacre également à la connaissance du territoire, à travers des études menées par ses agents ou en partenariat avec des organismes de recherche (archéologie des premiers peuplements, recensement d'espèces végétales et animales…).

Des projets de conservation ou de suivi des espèces et habitats les plus menacés sont également menés, dont plusieurs sont de dimension européenne : projets Life+ biodiversité par exemple (restauration et reconstitution de la forêt semi-sèche à la Grande-Chaloupe, sauvegarde du Tuit-tuit et du Papangue, oiseaux endémiques de l'île).

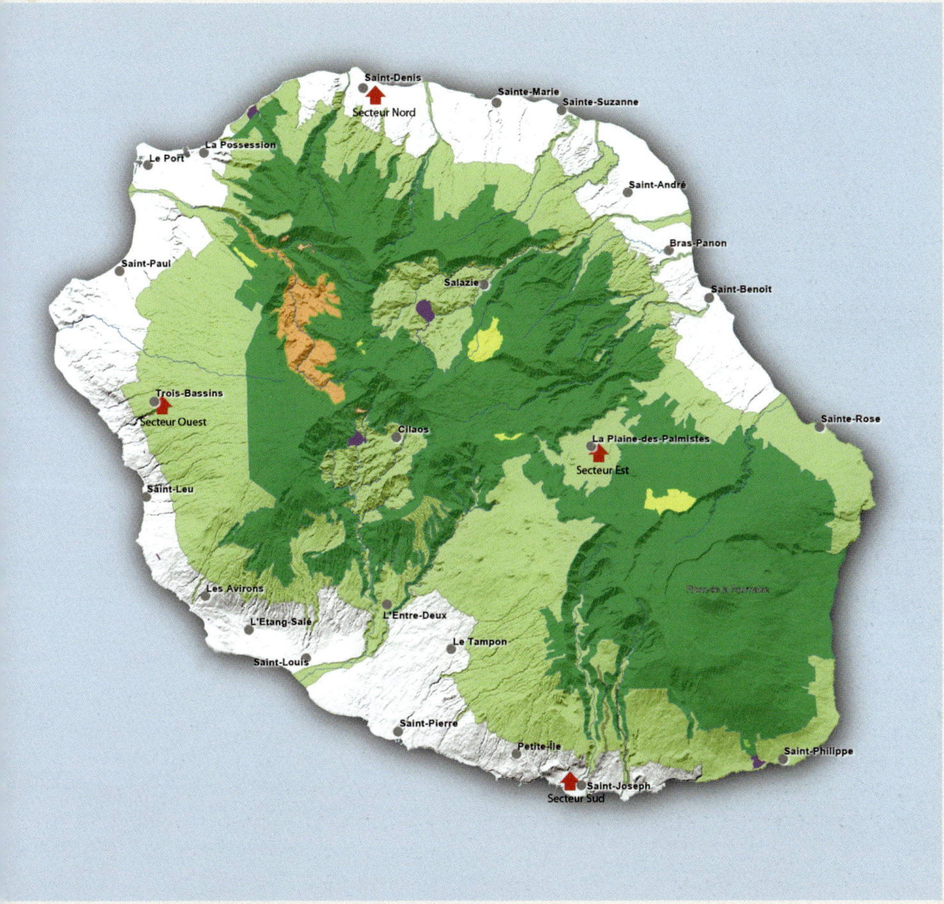

GR® R2

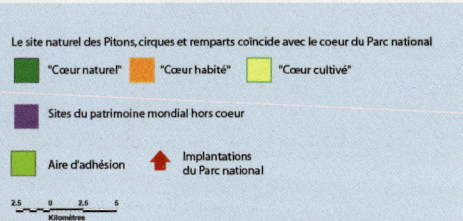

Le site naturel des Pitons, cirques et remparts coïncide avec le coeur du Parc national

- ■ "Cœur naturel"
- ■ "Cœur habité"
- ■ "Cœur cultivé"
- ■ Sites du patrimoine mondial hors coeur
- ■ Aire d'adhésion
- ⬆ Implantations du Parc national

FOND CARTOGRAPHIQUE : VUE EN RELIEF DE LA RÉUNION RÉACTUALISÉE À PARTIR DU MNT DE LA BDTOPO ET DE L'IGN

Étape n°6 / p. 98 à 101   aller : 6 h 30   retour : 6 h   GR® R2

De Roche Plate à Marla

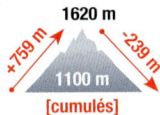

De Roche Plate à la rivière des Galets   1 h 30

31 Dépasser l'école de Roche Plate d'environ 100 m.

> Séparation avec le sentier GR® R3.

32 Prendre à gauche sous les filaos et atteindre un col. L'itinéraire contourne le Bronchard par la droite, dépasse une croix. Commence alors la descente par un sentier vertigineux à flanc de falaise. Arriver à la rivière des Galets (742 m).

De la rivière des Galets à la Nouvelle   2 h 50

À la Nouvelle >

> **Attention, montées difficiles !**

33 Franchir la rivière des Galets à gué. Remonter le cours d'eau en rive droite, puis passer à gué la ravine Pêche (804 m). À gauche, débute une rude montée d'une dénivelée de 571 m vers la Nouvelle. Traverser le petit plateau de la Nouvelle (1 430 m) en passant entre l'église et la maison forestière.

> Jonction avec le sentier GR® R1.

HISTOIRE
LE LIEU-DIT MAFATE

Autrefois, au pied du Bronchard, existait un petit village bâti après la découverte de sources thermales : Mafate allait devenir un lieu de villégiature très prisé, au même titre qu'Hell-Bourg ou Cilaos.

Mafate serait une déformation du mot malgache *mafaty* qui signifie « lieu qui tue » et peut-être aussi l'expression du risque mortel à emprunter les sentiers qui y conduisaient. Le nom du village s'est par la suite étendu à l'ensemble du cirque.

Les sources thermales ne seront reconnues officiellement qu'en 1853. Une route longue de 16 km, ouverte dans le lit de la rivière des Galets jusqu'à Cayenne, puis un parcours en chaise à porteurs sur un sentier vertigineux, conduisaient au village. La route fut maintes fois détruite puis reconstruite.

Le village de Mafate fut définitivement abandonné en 1913 suite à l'effondrement d'une partie du Bronchard : la formation d'un barrage provoqua la naissance d'un lac qui allait inonder les habitations. Cette catastrophe ne fit heureusement aucune victime.

DU BRONCHARD À LA NOUVELLE PAR LE LIEU-DIT MAFATE / PHOTO M.M.

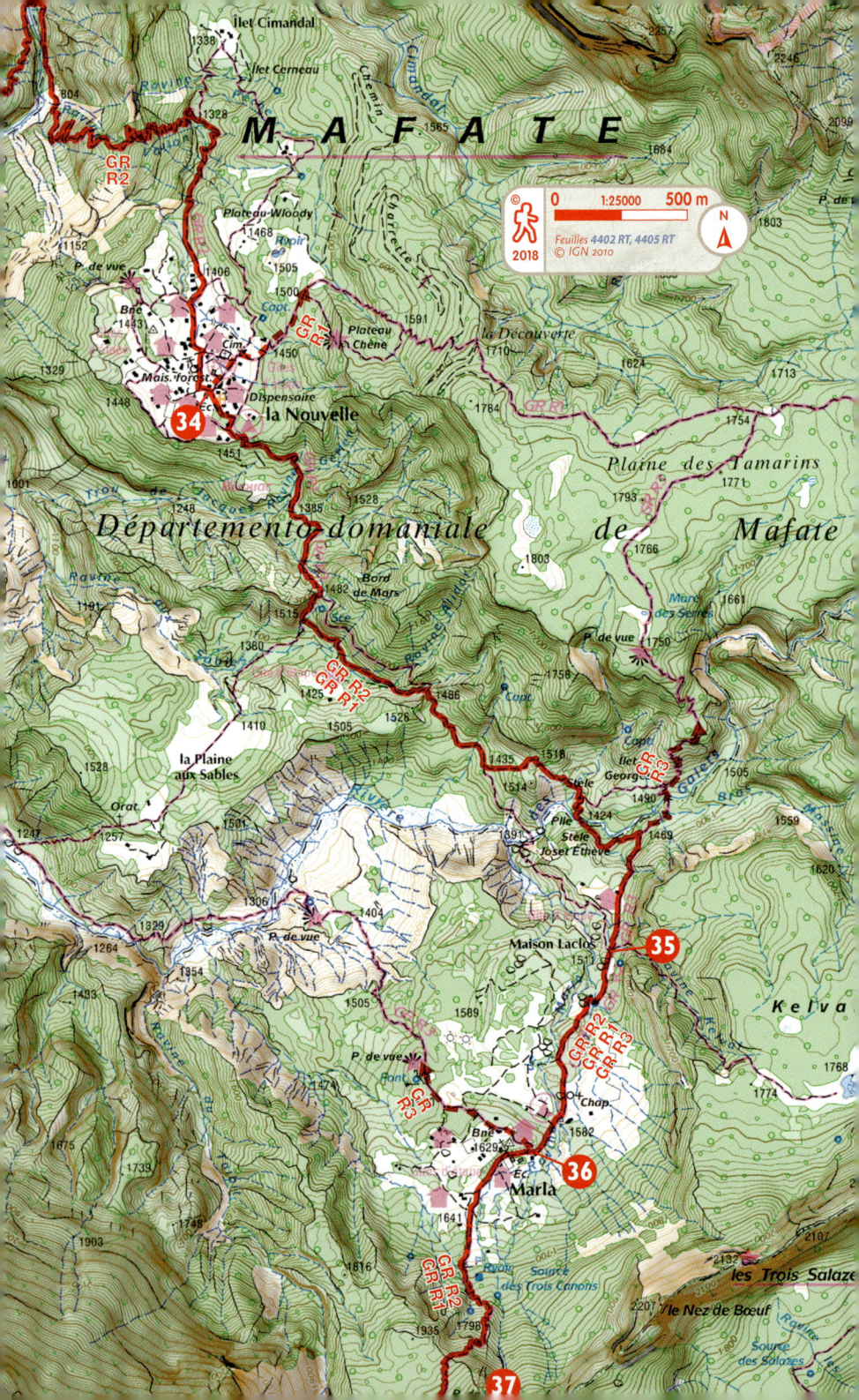

Étape n°6 : de Roche Plate à Marla

De la Nouvelle à une intersection — 1 h 40

34 Quitter la Nouvelle par le chemin qui passe derrière l'école en direction de Marla. Après la traversée de plusieurs ravines, arriver au Bord de Mars (1 500 m) au niveau d'une croix. S'engager sur le sentier de droite qui descend. À l'intersection suivante, tourner à gauche en laissant sur la droite le sentier vers la plaine aux Sables. À une seconde croix, continuer en direction de Marla, puis prendre la direction de la stèle Joset Ethéve. Franchir le cours d'eau naissant de la rivière des Galets par une passerelle, dépasser la stèle et parvenir à une intersection (1 500 m).

> Jonction avec le sentier GR® R3. Les sentiers GR® R1, R2 et R3 sont communs jusqu'à Marla.

De l'intersection à Marla — 30 min

À Marla >

À l'intersection, tourner à droite, puis traverser la ravine Kerval. Gagner alors Maison Laclos.

35 Une légère montée continue conduit à Marla (1 600 m).

> Séparation avec le sentier GR® R3.

L'ÉGLISE ET LE CLOCHER DE LA NOUVELLE / PHOTO J.R.

Étape n°7 / p. 102 à 105 — aller : 5 h 30 — retour : 6 h — **GR®R2**

De Marla à Cilaos

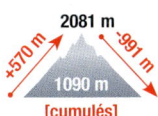
2081 m
+570 m / -991 m
1090 m
[cumulés]

⚠ > De Marla à l'îlet des Salazes, il n'existe aucun point d'eau.

De Marla à la bifurcation pour Bras Rouge — 3 h 30

36 À Marla, prendre la direction du col du Taïbit (⚠ > **L'ascension vers le col, « nana son goût sel », reste difficile**).

37 Basculer dans le cirque de Cilaos en passant devant un oratoire. Traverser la plaine des Fraises et poursuivre la descente parmi les branles et bois de couleurs des hauts. Le sentier continue en pente douce dans une forêt de pins maritimes et d'eucalyptus.

38 Laisser sur la gauche le sentier du cap Bouteille et poursuivre vers le plateau exploité de l'îlet des Salazes (1 566 m).

> Il est possible de se ravitailler en eau ; une association gère l'îlet et propose des tisanes.

L'itinéraire descend rapidement jusqu'à la D 242.

39 La traverser pour prendre le sentier qui plonge en direction du Bras Rouge. Atteindre la bifurcation pour Bras Rouge (1 150 m).

> Séparation avec le sentier GR® R1.

LE CIRQUE DE CILAOS / PHOTO J.R.

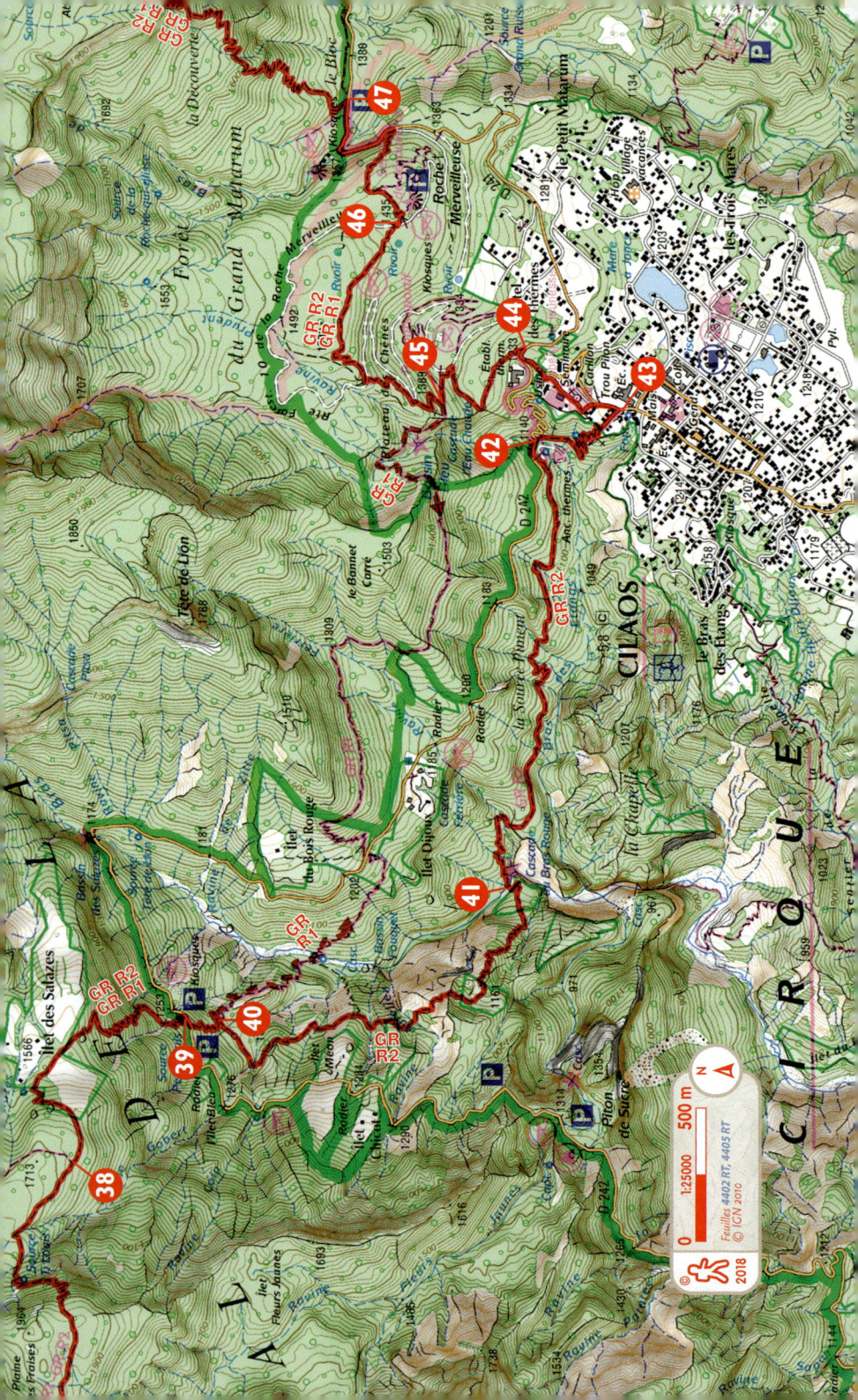

Étape n°7 : de Marla à Cilaos

De la bifurcation pour Bras Rouge à Cilaos — 2 h

À Cilaos >

40 À la bifurcation pour Bras Rouge, tourner à droite. Le sentier à flanc descend bientôt à la cascade du Bras Rouge (⚠ > attention : sentier glissant !).

41 Traverser le cours d'eau à gué et remonter jusqu'aux anciens thermes [👁 > en contrebas, le Bras des Étangs] (⚠ > ne pas s'approcher de la cascade : roche glissante ; attention aux enfants !).

42 Des anciens thermes, le sentier remonte vers la D 242 et franchit un petit pont. Prendre les escaliers à droite ; ils débouchent sur le sentier des Porteurs qui mène au centre de Cilaos (1 210 m).

FAUNE ET FLORE
LE PÉTREL DE BARAU

Espèce endémique de La Réunion, le pétrel de Barau *(Ptérodroma baraui)* est sur la liste des espèces protégées.

Cet oiseau marin noir et blanc, de taille moyenne, au bec robuste, aménage de septembre à avril un terrier dans l'humus de recoins des falaises verticales du piton des Neiges, entre 2 300 et 2 750 m d'altitude. Il ne peut prendre son envol qu'en s'élançant d'une hauteur. Chaque année, un seul œuf est pondu par couple. En période d'hiver austral, l'espèce quitte l'île jusqu'à plusieurs milliers de kilomètres alentour.

L'homme, par ses détritus abandonnés çà et là, a amené le rat à quêter sa pitance de plus en plus haut ; le rongeur n'hésite pas ensuite à dévorer les œufs ou les poussins. Autre problème, les éclairages des zones habitées attirent les jeunes qui, désorientés, se cognent au sol. Des associations essayent de protéger l'espèce malmenée. On peut leur ramener les individus ramassés vivants.

DESSIN P.R.

Étape n°8 / p. 106 à 109

aller : 5 h 30   retour : 4 h   **GR® R2**

De Cilaos
au refuge de la caverne Dufour

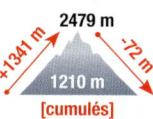
2479 m
+1341 m   -72 m
1210 m
[cumulés]

⚠ > À partir du Bloc, plus aucun point d'eau jusqu'au refuge de la caverne Dufour.

⚠ > À la Roche Merveilleuse **45**, un point d'eau potable permet de se ravitailler avant de démarrer le sentier du Bloc **47**. Le point d'eau du Petit Matarum, utilisé couramment, n'est pas connecté à un réseau d'eau potable.

De Cilaos au Bloc   1 h 30

43 Sortir de Cilaos en passant derrière l'église puis emprunter la D 241 jusqu'aux thermes Irénée Accot.

44 Quitter la départementale par un sentier à gauche ; il grimpe dans une forêt d'eucalyptus en direction du plateau des Chênes. Atteindre une bifurcation.

> Jonction avec le sentier GR® R1. Les itinéraires sont communs jusqu'à la caverne Dufour.

45 Poursuivre à droite en direction de la Roche Merveilleuse. Le chemin frôle la piste forestière 10, puis la coupe. Après une portion plate, le sentier descend légèrement et atteint de nouveau la route forestière. La suivre à droite sur quelques mètres *(présence de sources sur l'espace de pique-nique après le pont)*.

46 Prendre le sentier qui part à gauche, laisser la Roche Merveilleuse à droite et, après une courte descente, rejoindre la D 241 ; la suivre à gauche jusqu'au lieu-dit le Bloc (1 380 m).

Du Bloc au refuge de la caverne Dufour   4 h

Au refuge de la caverne Dufour >

47 Du Bloc, commence une rude ascension au travers d'une forêt de bois de couleurs, pour arriver au plateau du Petit Matarum, classé en Réserve naturelle. Plus loin, le sentier en lacet, très escarpé, conduit au bord du coteau Kerveguen (2 478 m).

48 Laisser à droite le sentier du coteau Kerveguen et rejoindre le refuge de la caverne Dufour (2 479 m).

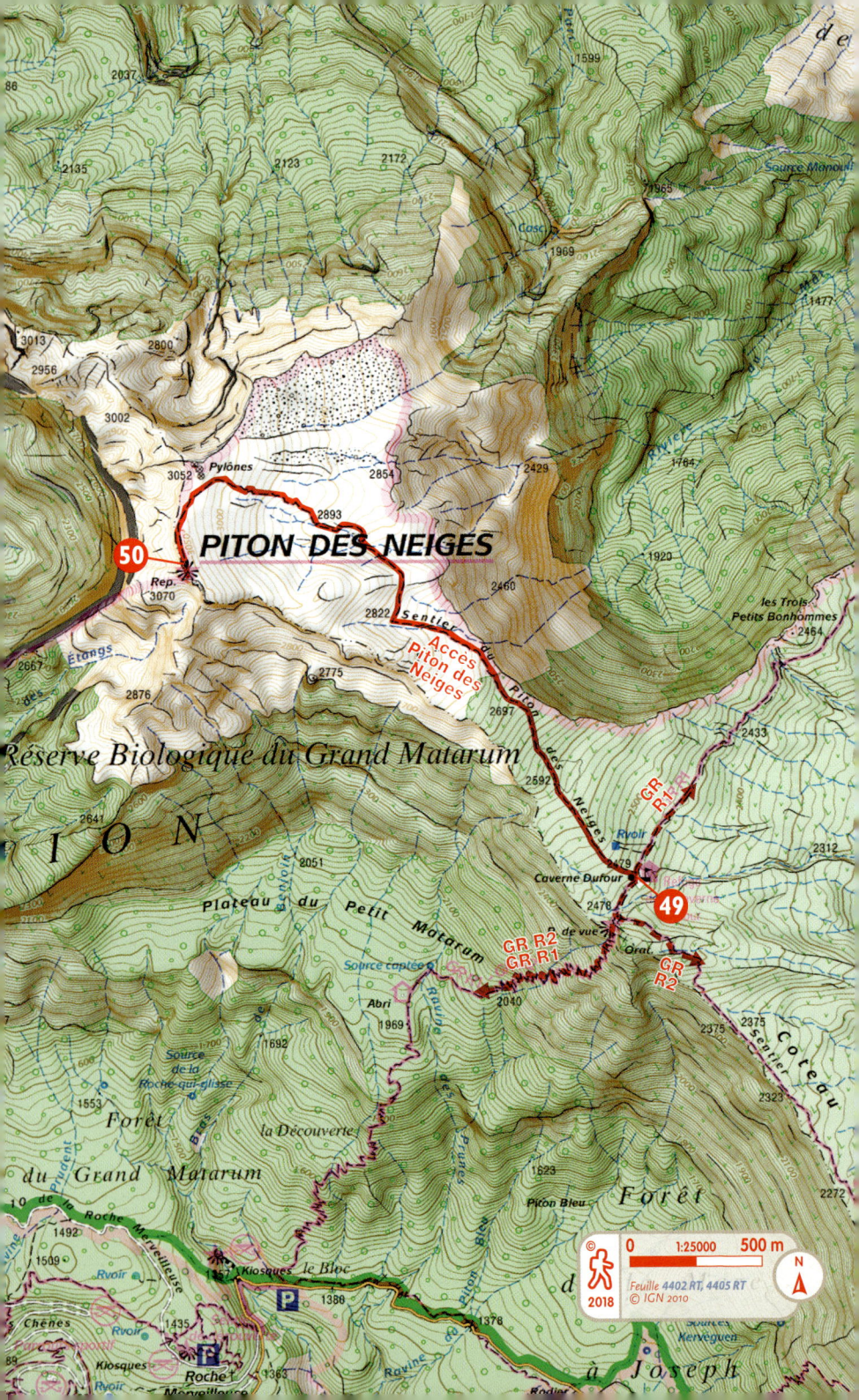

Accès

| aller : 2 h | retour : 1 h 30 | GR®R2 |

Accès au piton des Neiges

3071 m
+592 m -592 m
2479 m
[cumulés]

⚠ > **Températures très froides et gelées fréquentes en hiver !**

De la caverne Dufour au piton des Neiges — 2 h

49 Du refuge de la caverne Dufour, prendre le sentier à droite de la caverne Dufour. La progression entre les rochers est assez difficile jusqu'à mi parcourt. La végétation éricoïde se fait de plus en plus rare et laisse bientôt place à un milieu essentiellement minéral. Parvenir à une bifurcation.

Le sentier contourne le piton par la droite, puis suit la ligne de crête pour gagner le sommet du piton des Neiges (3 071 m).

👁 > **Point de vue sur presque la totalité de l'île. La ville de Cilaos s'étale à 1 800 m en contrebas !**

50 Emprunter le même itinéraire en sens inverse pour retourner au gîte de la caverne Dufour.

DÉBUT DE COLONISATION DE LA LAVE PAR LE LICHEN *STEREOCOULON VULCANI* / PHOTO G.E.

L'ACCÈS MENANT AU SOMMET DU PITON DES NEIGES / PHOTO S.L.

HISTOIRE
FRANÇOIS MUSSARD (1718-1784)

Il s'agit de l'un des plus célèbres chasseurs de Noirs que La Réunion ait connu.

Il s'est apparemment fort bien acquitté des tâches qui lui ont été confiées. Il a reçu, au nom du roi, un « fusil d'honneur », cadeau de grande valeur symbolique, en récompense « des services qu'au péril de ses jours il avait rendus aux îles sœurs » : île de France et île Bourbon (Maurice et La Réunion). Par là, il fallait entendre le nombre de Noirs marrons capturés ou tués. On dénommait Noir marron, ou Marron, de l'hispano-américain *cimarron*, tout esclave qui, fuyant les habitations à cause de mauvais traitements, d'amours contrariés, par solidarité de classe ou par peur de sanctions en réponse aux actes délictueux, se réfugiait dans les montagnes les plus reculées et les plus difficiles d'accès.

Par petits groupes, ils réussissaient plus ou moins à s'adapter aux rudes et précaires conditions de vie. Mais, tenaillés par le besoin, ils organisaient parfois de véritables « descentes » armées vers la côte pour s'emparer de vivre, outils, armes, voire de femmes. Véritables actes de guerre, les opérations se soldaient souvent par des pertes humaines des deux bords.

Du côté des colons, la situation devenait périlleuse et ces exemples de résistance, en pleine apogée de la société esclavagiste, étaient intolérables. La lutte officielle contre le marronnage fut décrétée. Une véritable chasse à l'homme s'ensuivit et la traque des rebelles fut organisée. Souvent les fuyards choisissaient de se suicider en se jetant dans les ravines plutôt que de se rendre.

Les Archives Départementales offrent des rapports édifiants d'exactions commises, de part et d'autre, pendant cette période très sombre de l'histoire de l'île. Mutilations de toutes sortes (coups de fouet, marques au fer rouge, pieds et mains coupés), trophées macabres (oreille, main…) servant de justificatifs pour toucher les primes et exécutions sommaires dans les habitations sont courantes. La liste est longue. Répression féroce en réponse aux actes de barbarie perpétrés lors des pillages ? Peur farouche de l'effondrement d'un système social ? Zèle exacerbé dans l'accomplissement des tâches ? Concrétisation d'idées ségrégationnistes ? La « chasse aux Marrons » s'est formalisée au vu de ces considérations. François Mussard fut donc un « maître » en la matière.

LA CAPTURE / ARCHIVES DÉPARTEMENTALES DE LA RÉUNION – BIB 2826 – LOUIS THIMAGÈNE HOUAT (DROITS RÉSERVÉS)

FAUNE ET FLORE
LA VÉGÉTATION

Les lichens, un des premiers végétaux à coloniser l'île, se rencontrent à tout altitude.

Autre espèce pionnière, le bois de Rempart, *Agauria salicifolia*, colonise les coulées de lave et les falaises. Ses feuilles sont fatales pour le bétail.

Agauria buxifolia serait l'espèce adaptée aux rudesses climatiques des Hauts. Si certaines orchidées ornementales, importées d'Amérique du Sud et d'Asie, répondent à l'engouement de passionnés, plus d'une centaine propre à La Réunion cachent leurs charmes discrets dans les sous-bois, au sol ou en épiphytes.

La lanterne, *Kniphofia*, illumine les jardins de sa grappe de fleurs tubulaires en juin-juillet.

La rose de porcelaine, *Zingiberaceae*, lance ses bractées épaisses, rouges ou roses, à plus d'un mètre du sol.

PETIT BOIS DE REMPART (*AGARISTA BUXIFOLIA*) / PHOTO G-L.J.

Étape n°9 / p. 112 à 117 | aller : 4 h 45 | retour : 6 h | **GR®R2**

De la caverne Dufour à Bourg Murat

 > Il n'existe plus aucun point d'eau jusqu'à Bourg Murat.

De la caverne Dufour au sentier de la Forêt Duvernay — 1 h 45

49 Du gîte de la caverne Dufour, revenir sur ses pas en direction du rempart du Coteau Kerveguen.

48 Laisser le sentier qui descend au Bloc, pour partir à gauche. Le sentier longe le coteau Kerveguen en direction du point côté 2 206 m.

> Arrivée d'un sentier venant de Bras Sec

51 L'itinéraire s'éloigne alors du rempart en direction de la plaine des Cafres. Désormais le terrain risque d'être fortement boueux. Parvenir à une intersection (point côté 2 155 m).

52 Laisser sur la droite le sentier qui mène au sommet de l'Entre-Deux par le sentier Jacky Inard. Garder la direction pour descendre aux cavernes du Bras Chansons (2 017 m).

LE PITON DES NEIGES ET LES CRÊTES ENVIRONNANTES / PHOTO E.M.

Étape n°9 : de la caverne Dufour à Bourg Murat

Traverser le cours d'eau de Bras Chansons et poursuivre le long du coteau Maigre. Parvenir à la bifurcation du sentier de la Forêt Duvernay (1 910 m).

Du sentier de la Forêt Duvernay au sentier Mollaret — 2 h

53 À la bifurcation du sentier de la Forêt Duvernay, laisser à gauche le sentier qui serpente au pied du coteau et rejoint la piste forestière 22 de Duvernay. Poursuivre en face ; le sentier étroit ondule à flanc de coteau puis monte franchement. Le passage est facilité par des échelles. Atteindre le sommet du coteau Maigre (1 988 m) [> point de vue]. Dès lors s'amorce la descente en direction de la plaine des Cafres, dans un « carro » (étendue) de branles. L'itinéraire passe entre les pitons Lepervanche à droite et Tortue à gauche pour gagner la jonction avec le sentier Mollaret (1 650 m) et le début des pâturages.

MILIEUX NATURELS
L'INSTALLATION DE LA FORÊT DE BOIS DE COULEURS

La lave nue se couvre peu à peu de **lichens** qui, en mourant, laissent de la matière organique dans les fissures de la roche. Elle prend alors une teinte blanchâtre. Des **mousses** apparaissent, se nourrissent des restes des lichens et emmagasinent l'eau dont auront besoin les pionnières suivantes : les fougères. Celles-ci produisent encore plus de matière organique grâce à leurs frondes importantes.

Les interstices entre les roches se remplissent d'un terreau gorgé d'eau, permettant la germination des graines des arbres pionniers : le **bois de source** et le **bois de rempart**. En sous-bois s'installent d'autres fougères qui recouvrent les laves d'une couche de matériau nutritif propice à l'apparition de nouvelles essences telles que le **bois de fer** ou le **bois d'osto**... Ces derniers donneront naissance à une première forêt basse.

L'action mêlée des racines, de l'eau de pluie et de la chaleur concourent à accélérer la dégradation de la roche : la couche de terre s'épaissit. Tout est fin prêt, maintenant, pour que s'installent les dernières essences qui composent la forêt primaire réunionnaise, alors que les premières espèces apparues se raréfiant au profit des suivantes.

Tout ce long processus aboutit à la mise en place de la forêt de **bois de couleurs**.

Forêt de bois de couleurs / photo J.R.

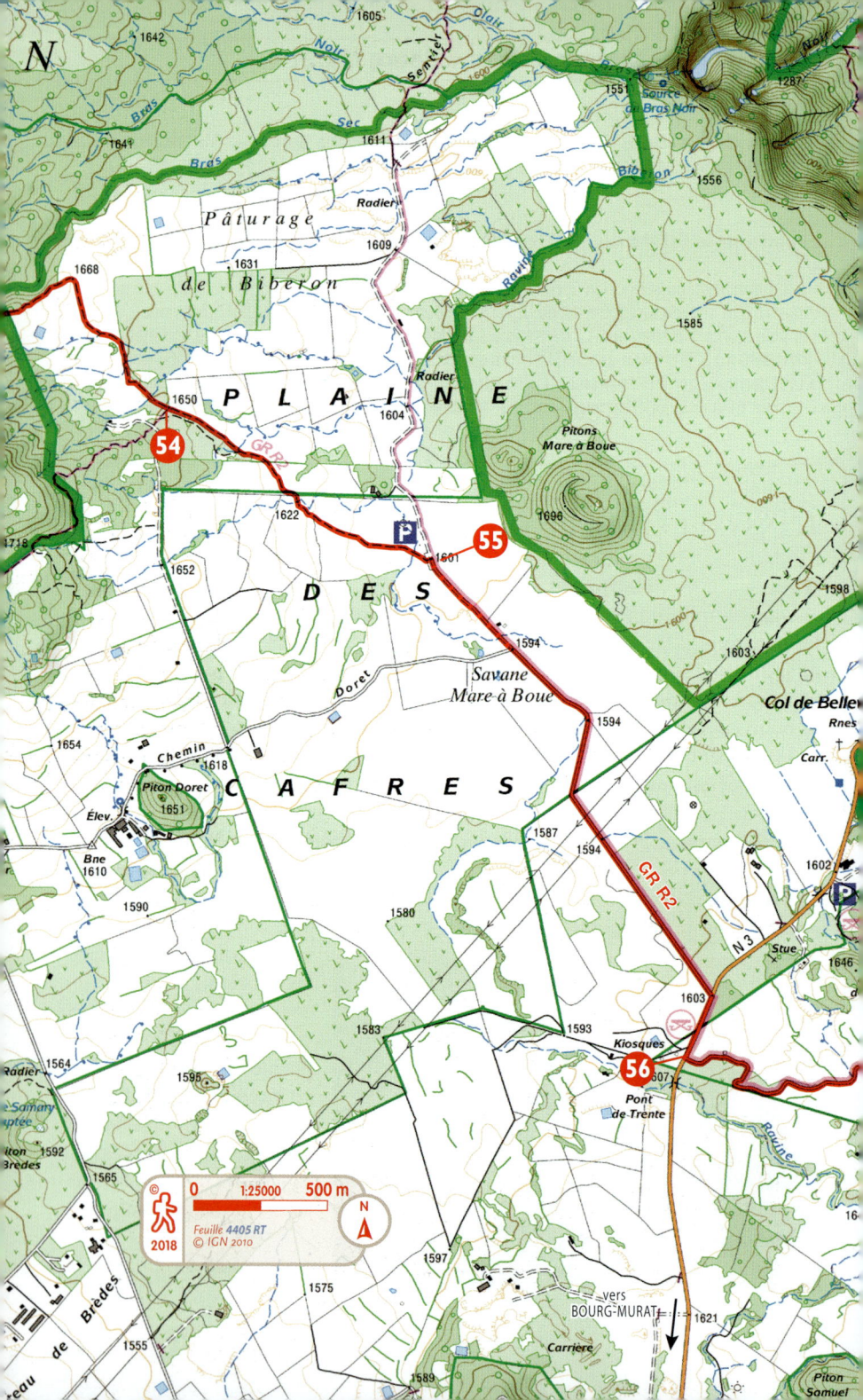

Étape n°9 : de la caverne Dufour à Bourg Murat

Du sentier Mollaret à la N 3 (Bourg Murat) — 1 h

⚠ > Cette partie du GR® R2, entre la Plaine des Cafres et le Piton Textor, risque de changer dans les prochains mois, être attentif au balisage.

54 Ignorer le sentier Mollaret qui part à droite et poursuivre en face jusqu'au parking de Savane Mare à Boue.

55 Suivre le chemin bétonné à droite sur environ 2 km et rejoindre la N 3 ; la prendre à droite sur 250 m, et parvenir au niveau de plusieurs kiosques.

Hors GR® > pour Bourg Murat — 3 km — 45 min

Poursuivre en face sur la N 3 jusqu'au centre de Bourg Murat.

FAUNE ET FLORE
LE CHOUCHOU

« Chayotte » ou « christophine » en métropole, « chouchoute » aux Antilles, le « chouchou », venant du Brésil, est apparu au début XIXe siècle. Les nombreuses variétés de cette légumineuse grimpante se plient à toutes les préparations culinaires savoureuses, telles les daubes, gratins et gâteaux. Amie des lieux humides de l'Est et des fonds de ravine, cette semi-sauvage offre tout : son fruit vert lisse ou plus ou moins épineux, charnu et gorgé d'eau, sa grosse graine en forme d'amande, sa racine tubérisée et ses jeunes bourgeons appréciés en « brèdes » (légume feuillu en français). Sa tige une fois nettoyée, séchée et blanchie, s'anoblissait en « paille d'Italie » en Europe et devenait fins chapeaux et canotiers pour les élégants des années 1920. Cette cucurbitacée populaire à souhait reste le chouchou des Réunionnais.

CHOUCHOU EN TONNELLE À SALAZIE / PHOTO J.R.

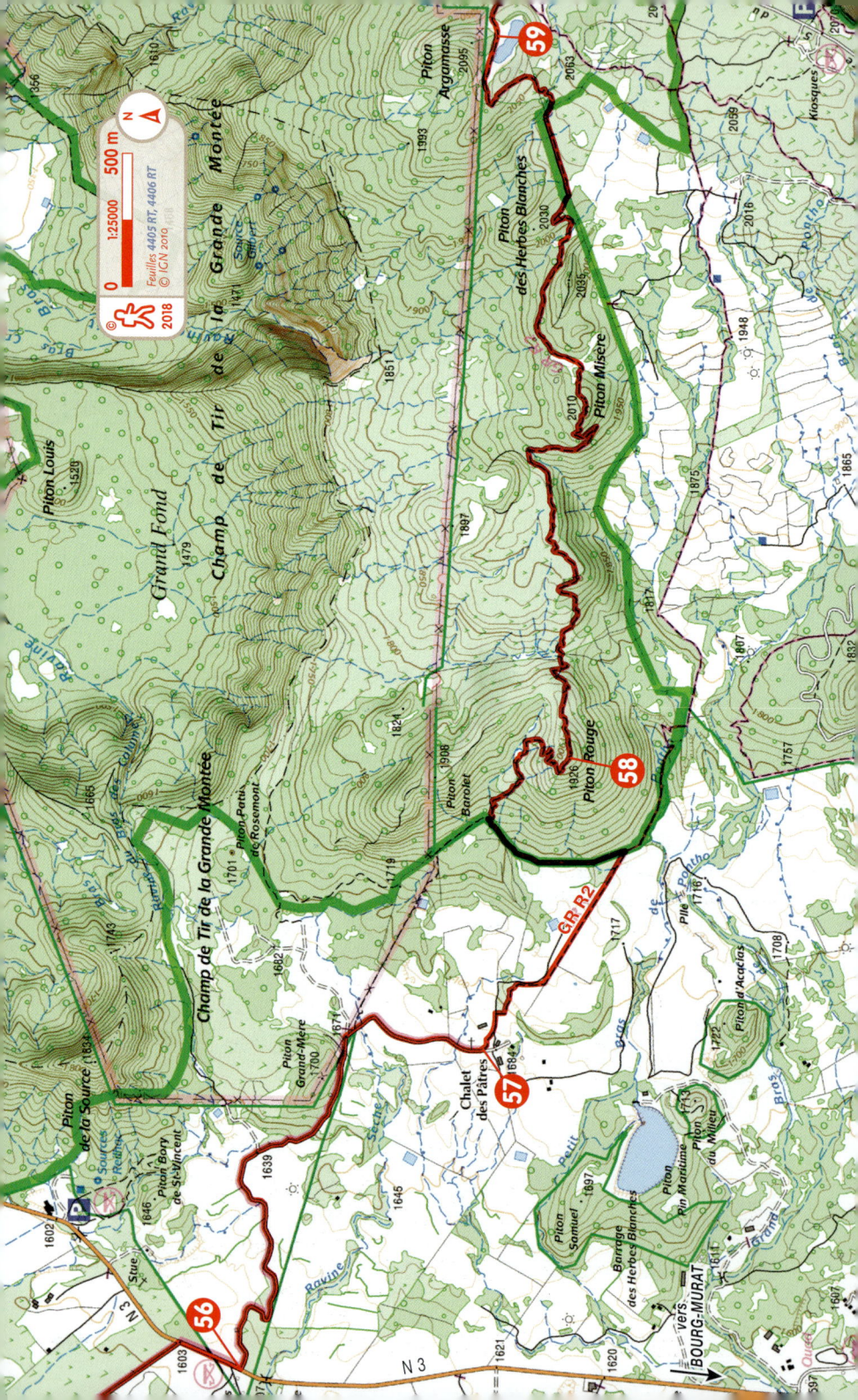

Étape n°10 / p. 118 à 125   aller : 5 h 30   retour : 5 h   **GR®R2**

De Bourg Murat au gîte du Volcan

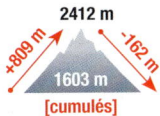

> ⚠ > Il n'existe plus aucun point d'eau jusqu'au gîte du Volcan.

De la N 3 (Bourg Murat) au piton des Herbes Blanches   2 h

56 À la N 3, suivre la route bétonnée jusqu'au chalet des Pâtres.

57 Franchir un passage de clôture et continuer en direction du piton Rouge. L'itinéraire contourne le piton par la gauche et longe en partie le Bras de Pontho. À la hauteur du piton Barolet, tourner à droite et accéder au sommet du piton Rouge (1 926 m).

58 De là, poursuivre vers l'est en direction du piton Misère (2 010 m) ⚠ > une portion très boueuse à **toute époque de l'année, surtout entre le piton Rouge et le piton Misère, ralentit la progression !**). Atteindre ensuite le piton des Herbes Blanches (2 035 m).

FAUNE ET FLORE
LE GOYAVIER

À l'esprit de qui viendrait-il l'idée de lutter contre ce petit fruit rouge, ou jaune, au goût de fraise, charnu et très apprécié des réunionnais, qu'est le goyavier ?

Aussi, cette « peste végétale », qui pousse spontanément sur sol ingrat et de préférence en zone humide, en plus de la cueillette personnelle, est-elle désormais cultivée, produisant plusieurs récoltes par an.

Originaire du Brésil, l'arbuste exotique envahissant transite par l'Asie et arrive dans l'île au XIXe siècle. Mouche des fruits et merle dit « de Maurice » (le bulbul orphée, envahissant, dont la lutte avec des cages-pièges est lancée), l'apprécient autant, hélas !

Le fruit cueilli mûr est fragile et doit être commercialisé rapidement. Il est vendu frais ou transformé (sirop, sorbet, punch, gelée, entremets, etc.).

GOYAVIERS À MATURITÉ / PHOTO J.R.

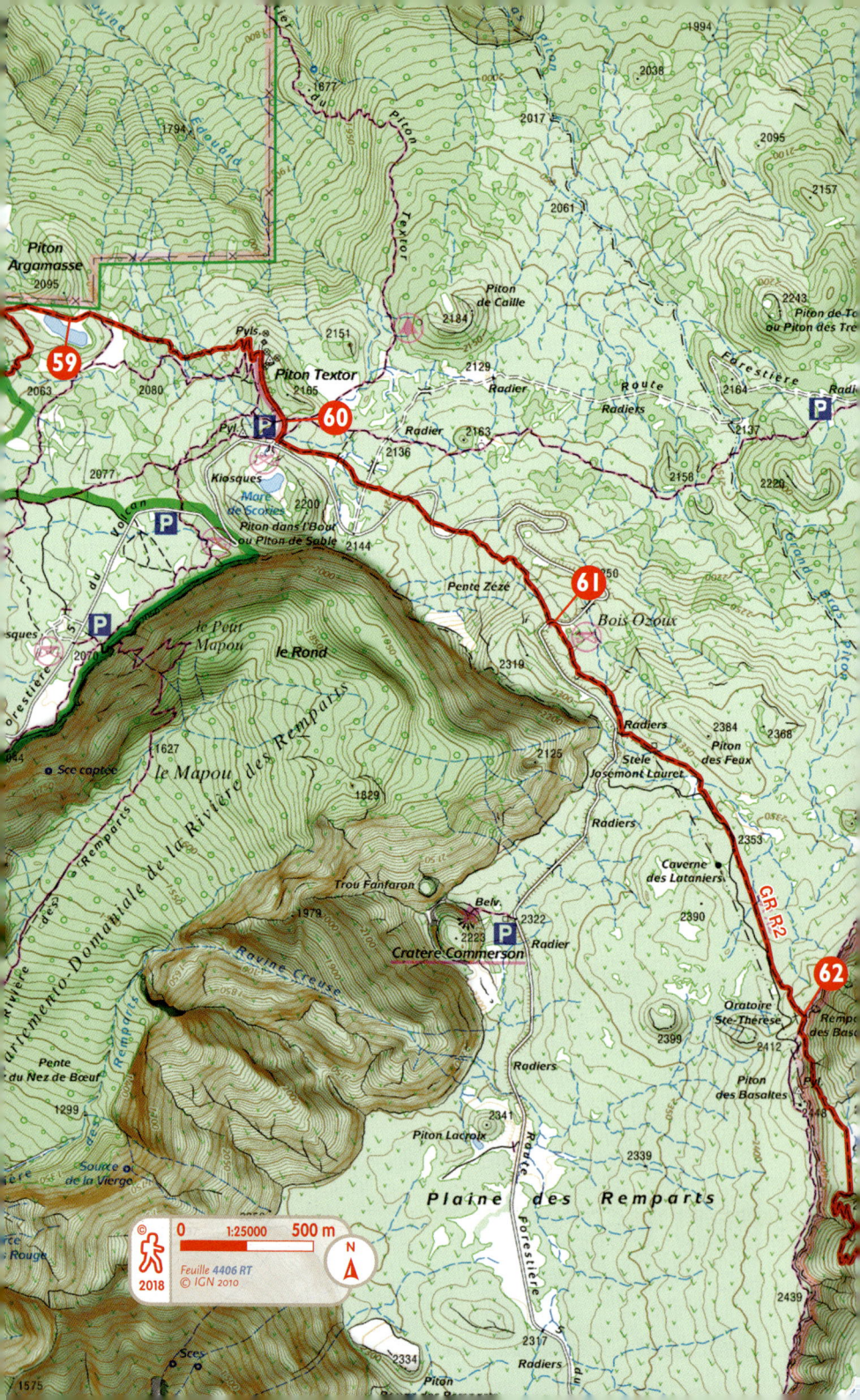

Étape n°10 : de Bourg Murat au gîte du volcan

Du piton des Herbes Blanches à l'oratoire de Sainte-Thérèse — 2 h 15

Depuis le piton des Herbes Blanches, poursuivre en direction du piton l'Argamasse.

59 Progresser en pente régulière à travers les branles et petits tamarins des Hauts. Gagner un chemin carrossable (pylônes) ; le prendre à droite pour passer sous le piton Textor.

60 Le sentier monte à découvert dans les branles. Il coupe la piste forestière du Piton de l'Eau puis traverse plusieurs fois la route forestière du Volcan dans la pente Zézé. Atteindre le bois Ozoux.

61 Monter en face, en contrebas de la route, pour passer devant la stèle Josémont Lauret, puis à proximité de la caverne des Lataniers. Par une pente douce, parvenir à l'oratoire Sainte-Thérèse (2 412 m) au bord du rempart des Basaltes.

Les environs du volcan : *Pennisetum caffrum* (plante herbacée de la famille des poacées) / photo M.C.F.S.

Étape n°10 : de Bourg Murat au gîte du volcan

De l'oratoire Sainte-Thérèse au gîte du Volcan — 1 h 15

Au gîte du Volcan >

62 À l'oratoire Sainte-Thérèse, basculer dans la pente du rempart [👁 > point de vue panoramique sur le cassé et le fond de la rivière de l'Est, le piton de la Fournaise et la plaine des Sables] entrecoupée par un petit plateau. En bas du rempart, le sentier Josémont s'engage dans la plaine des Sables, vaste étendue minérale. Après une courte ascension, parvenir au col Lacroix entre deux pitons.

63 Prendre alors à gauche par la Griffe du Diable. Le sentier longe la route forestière 43 bis et gagne rapidement le gîte du Volcan (2 250 m).

Le Piton de La Fournaise / photo M.M.

Accès

boucle : 5 h **GR®R2**

Accès au piton de la Fournaise

2632 m
+601 m / -601 m
2218 m
[cumulés]

En avril 2009, le Piton de la Fournaise, plein à ras bord de lave en fusion, s'est vidé de tout son contenu. Ce phénomène vulcanologique a provoqué des effondrements sur toute la périphérie de la caldeira initiale entraînant ainsi une partie du sentier d'accès. La configuration de ce cheminement a donc été modifiée depuis la chapelle de Rosemont d'où l'on ne peut plus atteindre le cratère Bory ni faire le tour des cratères.

⚠ **> Danger :** ne pas quitter les marquages : crevasses et galeries fragiles. Climat changeant rapidement, pluie, vent et brouillard fréquents, températures très basses. S'informer à l'avance sur le niveau de vigilance !

Du gîte du Volcan au cratère Dolomieu — 2 h 30

64 Quitter le gîte du Volcan et prendre le sentier balisé en blanc qui mène au Pas de Bellecombe.

65 Arriver au portillon, prendre le sentier qui descend au bas du rempart Fouqué. Au-delà de la Plaine des Sables, entrer dans un nouveau paysage lunaire.

66 Après avoir longé à droite le Formica Léo, la progression se fait dans un premier temps sur de la lave du type « pahoéhoé » (lave lissée ou cordée).

67 À la chapelle de Rosemont (2 255 m), continuer tout droit pour arriver après 1 h 30 environ au sommet du cratère Dolomieu **68** ⚠ **> Cette portion de sentier est assez physique.** Surtout ne pas s'en éloigner, présence de crevasses et de brouillard fréquent).

> En cas de disponibilité de temps et par beau temps, une incursion au Rivals à partir de la chapelle de Rosemont est possible pour les marcheurs confirmés. À programmer éventuellement (environ 3 h A/R).

DANS L'ENCLOS FOUQUET, AU PIED DU FORMICA LÉO / PHOTO Y.L.

GÉOLOGIE
LE PITON DE LA FOURNAISE

Naissance de l'île et de la Fournaise

Le piton de la Fournaise occupe le tiers sud-est de l'île. Né voici plus de 500 000 ans, il s'est édifié sur le flanc oriental de son aîné, le piton des Neiges, sorti des flots 2 millions d'années plus tôt. Ces deux volcans constituent le massif volcanique de La Réunion, dont la hauteur dépasse 7 000 m depuis le fond océanique. Cette édification s'est faite au fil du temps par l'empilement en « millefeuilles » de coulées de laves fluides, conférant à l'ensemble une forme de vaste cône aplati, appelé volcan-bouclier. Si le piton des Neiges est désormais « endormi » depuis quelques 10 000 ans, le piton de la Fournaise, en revanche, avec plus d'une centaine d'éruptions recensées depuis le début du XXe siècle, est considéré comme l'un des volcans les plus actifs de la planète. Son sommet (2 631 m), couronné par les cratères Bory et Dolomieu, se situe au centre de l'Enclos Fouqué, dépression en forme de fer à cheval, effondrée il y a environ 5 000 ans.

La Fournaise : un volcan rouge

Par son dynamisme éruptif de type hawaïen, la Fournaise fait partie des volcans rouges. En effet, ses laves, fluides, rougeoient tant elles sont chaudes lors de leur sortie (1150 °C) ; ce sont des basaltes. Comme pour tout volcan basaltique, on distingue des coulées de laves *pahoehoe* et *aa* (termes hawaïens) : les premières ont une surface lisse, souvent plissée en multiples cordages ou draperies (laves cordées) ; les secondes ont un aspect scoriacé, très chaotique (laves en gratons).

ÉRUPTION VOLCANIQUE / PHOTO S.L.

Les éruptions débutent par l'ouverture de fissures d'où le magma, chaud, fluide et riche en bulles de gaz, jaillit en fontaines, puis s'étale en longues coulées. La bouche éruptive construit souvent un cône par l'accumulation de lambeaux de laves projetées. Les éruptions de la Fournaise, peu explosives et limitées la plupart du temps à l'enclos, zone inhabitée circonscrite par des remparts, n'engendrent généralement que peu de risques volcaniques pour la population de l'île.

Surveillance du volcan

Exceptionnellement, il arrive qu'une éruption ait lieu hors de l'enclos. Avril 1977 : surgit des pentes externes du volcan, une coulée de lave menace le village de Bois Blanc alors qu'une autre détruit les habitations en traversant Piton Sainte-Rose. Ceci motive, en 1980, l'installation d'un observatoire volcanologique permanent à la plaine des Cafres. Dès lors, le piton de la Fournaise devient un véritable « volcan-laboratoire » dont l'étude et la surveillance s'articulent autour de quatre principaux modes d'observation : enregistrement des séismes, mesure des déformations du sol, mesure des variations magnétiques et analyse des gaz. Une cinquantaine de stations implantées sur le site, pour la plupart automatiques, transmettent en permanence par radio les données à l'observatoire ; elles y sont dépouillées et interprétées. En cas de signes précurseurs d'une crise éruptive, les autorités alertées mettent en place un plan de protection des personnes et des biens.
Une éruption en dehors de l'enclos de la Fournaise produira l'agrandissement de la pointe de la Table en mars 1986.

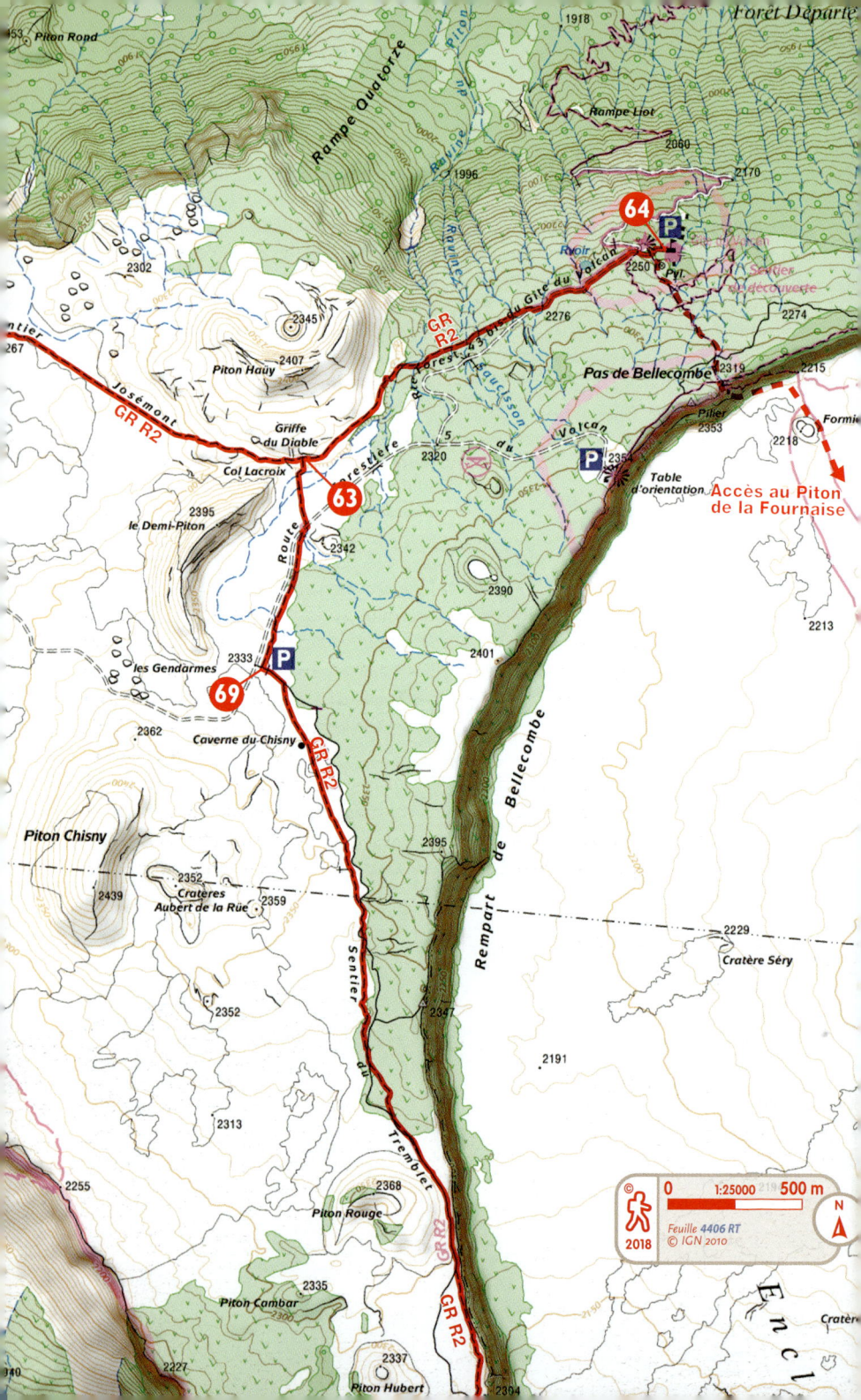

Étape n°11 / p. 128 à 137 | aller : 6 h 10 | retour : 7 h 30 | **GR®R2**

Du gîte du Volcan au gîte de Basse Vallée

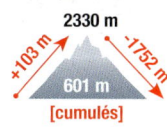

⚠ > Du gîte du Volcan au gîte de Basse Vallée, il n'existe plus aucun point d'eau.

Du gîte du Volcan au pied du piton Rouge — 1 h 20

64 Du gîte du Volcan, revenir sur ses pas jusqu'à la Griffe du Diable.

63 Obliquer à gauche en direction de la route forestière 5 du Volcan. La traverser et la longer sur environ 500 m jusqu'à un parking.

69 Quitter la route pour prendre la direction de Basse Vallée. La progression en terrain plat est aisée. Dépasser la caverne du Chisny. Le sentier se rapproche du rempart au pied du piton Rouge (2 300 m) *(parcours large, bien retracé)*.

HISTOIRE
ENCHAING

Enchaing est l'un des plus célèbres Noirs marrons de Bourbon. Il s'était réfugié dans le cirque de Salazie, endroit reculé et encore sauvage à l'époque. Contrairement à beaucoup d'autres Marrons, il vécut dans l'isolement le plus total sur cet énorme bloc qui s'élève, telle une tour de guet, au centre même du cirque : le piton d'Enchaing. La tradition orale a construit quelques légendes autour de ce personnage. Au cours de son exil, il aurait rencontré Héva, jeune fugitive elle aussi. Huit enfants seraient nés de cette union. La fin de sa vie reste mystérieuse. D'aucuns prétendent qu'il fut tué par les balles bénies d'un chasseur de Noirs, d'autres affirment qu'il se serait jeté dans le vide pour échapper à ses poursuivants, se transformant en papangue, d'autres encore qu'il aurait été ramené vivant chez son maître…

VUE PARTIELLE DE LA PLAINE DES SABLES ET DU PITON CHISNY / PHOTO M.C.F.S.

Étape n°11 : du gîte du Volcan au gîte de Basse Vallée

Du pied du piton Rouge au piton de Bois Vert (ou piton Vert) — 1 h

Poursuivre au pied du piton Rouge. L'itinéraire suit longuement le bord de l'Enclos Fouquet.

👁 > De nombreux points de vue sur le piton de la Fournaise se succèdent.

70 À une intersection, délaisser le sentier à droite et continuer à longer le rempart pour enfin atteindre le piton de Bois Vert ou piton Vert (2 274 m) [👁 > souvent les éruptions sont visibles de ce piton ; sentier large qui s'écarte par endroit du bord du rempart].

GÉOLOGIE
LA FOURNAISE, SPECTACLE INTENSE

Jusqu'au XVIIᵉ siècle, le volcan inspira crainte et respect à la population qui préférait s'en tenir éloignée, pour n'en garder que l'image de « pays brûlé » comme en témoignent d'anciennes cartes. Il faut attendre la fin de ce siècle pour que des voyageurs aventureux, puis des naturalistes curieux, se lancent à l'assaut de son sommet afin d'approcher, observer et étudier les éruptions. Plus de trois siècles après, la Fournaise attire et enchante chaque année environ 200 000 visiteurs qui, tout en découvrant ses somptueux paysages, espèrent toujours bénéficier du merveilleux spectacle de son activité.

Les fontaines de laves, les coulées, les projections, les grondements et l'odeur de soufre caractéristique qui l'accompagnent sont autant d'éléments qui font de la Fournaise en éruption un évènement inégalé.

Les autorités doivent prendre des mesures restrictives de sécurité, parfois mal comprises, pour sécuriser les lieux et protéger les foules qui se déplacent désormais pour admirer ces manifestations naturelles.

Respecter quelques élémentaires consignes de sécurité reste néanmoins primordial en toute période.

UN LEVER DE SOLEIL SUR LE VOLCAN / PHOTO S.L.

GÉOLOGIE
Les éruptions du Tremblet, mars 1986

Le 20 mars 1986, 6 h du matin. Le Tremblet se réveille. De sourds grondements intriguent les personnes les plus matinales.

La terre vient d'ouvrir ses entrailles, là-haut, 1000 m au-dessus de ce tranquille petit village du sud-sud-est de l'île. Une fissure de 250 m de long s'est formée en amont du piton de Takamaka. Des fontaines de lave jaillissent. La pâte visqueuse se dirige vers la mer. Il y a danger pour les 500 habitants du hameau. Il faut les évacuer.

La coulée, après s'être séparée en deux bras pour contourner le piton de Takamaka, dévale le Brûlé des Citrons Galets. Dès 15 h 30, la lave atteint la N 2. Une langue de lave s'arrêtera 200 m plus bas, l'autre se jettera dans l'océan. Une forte odeur de soufre envahit toute la région.

Le 23 mars, de nouvelles fissures, plus inquiétantes encore, s'ouvrent au niveau de l'îlet aux Palmistes. La lave jaillit cette fois, entre la route et la mer. De mémoire d'homme, cela ne s'est jamais vu. Elle s'étale pour former une plate-forme. L'île gagne 25 ha. Ces phénomènes, pour spectaculaires et dangereux qu'ils soient, entrent, selon les scientifiques, dans la logique d'évolution de la Fournaise. Bloqué par le massif du Piton-des-Neiges, le volcan actif de La Réunion ne peut qu'évoluer vers le sud-est. D'ailleurs une ligne de faiblesse Saint-Rose – Dolomieu – Saint-Philippe délimite une zone de fractures dans cette zone.

Les éruptions de 1986 au Tremblet, comme celles de 1977 au Piton Sainte-Rose, sont des manifestations visibles qui confirment cette thèse.

La rencontre de l'eau et du feu / photo S.L.

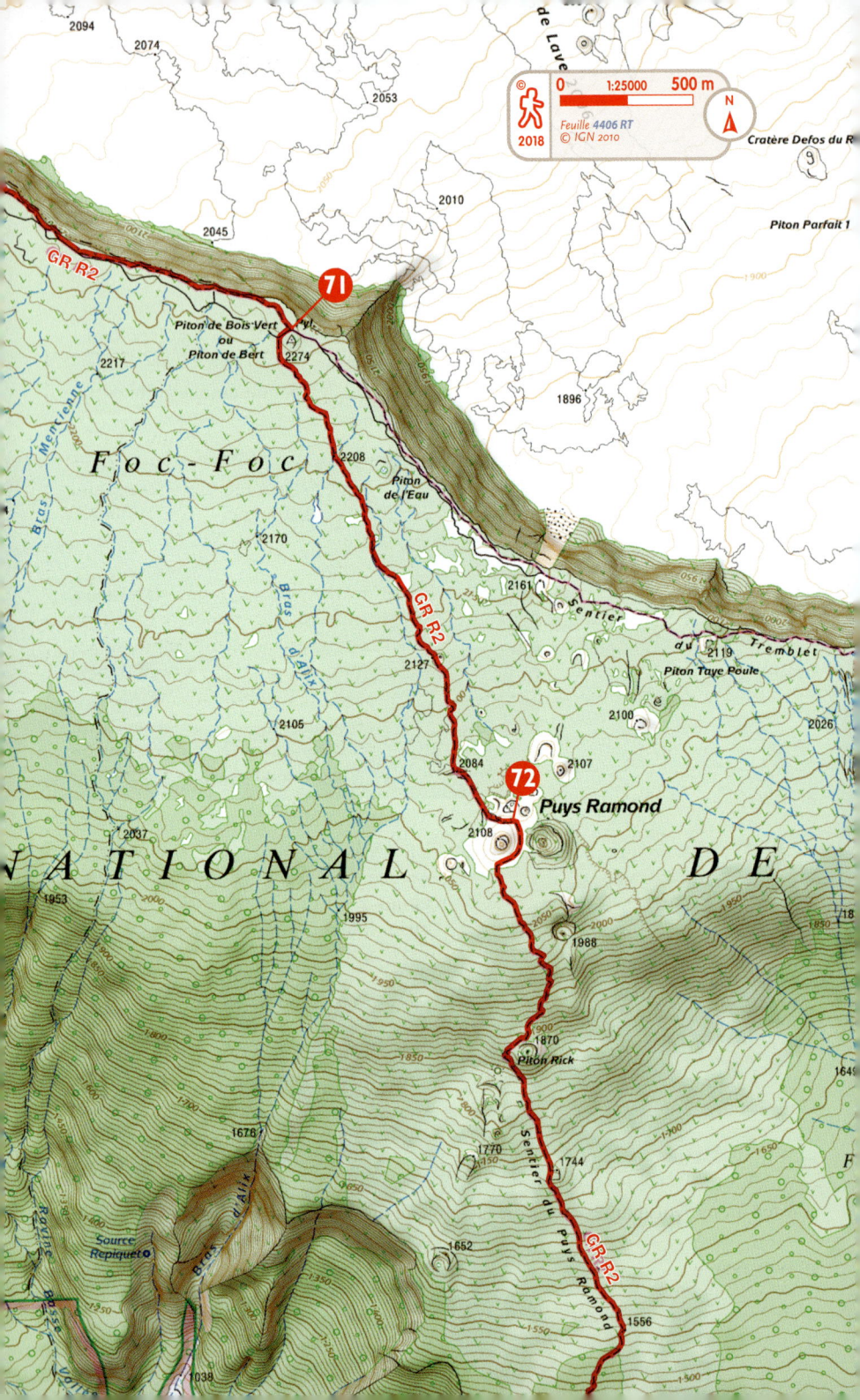

Étape n°11 : du gîte du Volcan au gîte de Basse Vallée

Du piton de Bois Vert au piton Rick — 50 min

71 Au croisement au pied du piton de Bois Vert, abandonner le bord de l'enclos et le sentier du Tremblet en tournant à droite. Le chemin descend régulièrement puis passe à travers les Puys Ramond (2 108 m).
 > Puys Ramond est un ensemble d'anciens cônes éruptifs.

72 Reprendre en direction du sud pour descendre au piton Rick (1 870m).
 > La vue s'étire sur le littoral en une dentelle bleue, blanche et verte.

ASTRONOMIE
LE CIEL DE LA RÉUNION

De l'avis général, La Réunion dispose de très bonnes conditions d'observation du ciel. L'île ne connaît pas encore de pollutions importantes pouvant voiler la voûte céleste. Les sentiers de GR® offrent, en plus, l'avantage d'être éloignés des villes et de passer par les sommets les plus élevés. Il suffit au randonneur, un tantinet amateur d'astronomie, de savoir qu'il se trouve à 21° S, de se munir d'une carte du ciel pour cette latitude et de lever les yeux. L'émerveillement est au rendez-vous.

Repérer le pôle Sud
Si l'Étoile polaire permet de repérer le pôle dans l'hémisphère nord, aucun objet céleste suffisamment lumineux ne se trouve à proximité immédiate du pôle Sud. Pour situer ce point, il est donc nécessaire de se repérer grâce aux constellations et aux étoiles voisines. Après avoir situé la Croix du Sud et la constellation du Centaure, il convient de joindre quelques étoiles parmi les plus brillantes et de tracer quelques lignes imaginaires. L'intersection de ces lignes détermine la position du pôle.

Objets observables dans la région du pôle Sud céleste :
Si à proximité du pôle, le ciel est bien sombre et dépourvu d'objets brillants, les constellations avoisinantes et la Voie lactée participent à la féerie du pan céleste de cette région.
- *La Croix du Sud*
C'est la plus petite constellation du ciel. Elle contient : une étoile double (alpha Croix), une nébuleuse obscure entre Alpha et Béta (le Sac à Charbon) et un joli amas ouvert constitué d'étoiles de différentes couleurs (la Boîte à Bijoux).
- *Le Centaure*
Cette constellation contient : une étoile triple (Alpha du Centaure), la troisième étoile la plus brillante du ciel après Sirius et Canopus, et le plus bel amas globulaire du ciel (Oméga du Centaure).
- *La Carène*
Elle contient Canopus (Alpha Carene) et un amas ouvert (Thêta Carene ou Pléiades Australes).
- *Les Voiles*
Elles comprennent : la Fausse Croix, beaucoup plus grande que la vraie, mais moins régulière, et une étoile à système quadruple (Gamma Voiles).
- *Les autres curiosités :*
- Le Grand Nuage de Magellan (GNM) est une galaxie irrégulière, satellite de la nôtre. Il se situe entre Canopus et le pôle Sud.
- Le Petit Nuage de Magellan (PNM) est aussi une galaxie irrégulière satellite de la nôtre. Elle se situe entre Achernar (alpha Eridan) et le pôle Sud.
- 104 Toucan, le plus bel amas globulaire du ciel après Oméga du Centaure, se trouve près du Petit Nuage de Magellan.
Tous ces objets sont facilement observables à l'œil nu ou aux jumelles.

Étape n°11 : du gîte du Volcan au gîte de Basse Vallée

Du piton Rick à la bifurcation du gîte de Basse Vallée 3 h

Au gîte de Basse Vallée > et eau

Contourner le sommet du piton Rick par la droite et dévaler la pente. La végétation éricoïdale laisse bientôt la place à une forêt de bois de couleurs de moyenne altitude.

⚠ **> Partie de parcours à négocier avec précaution jusqu'au repère 73.**

Parvenir à l'intersection de la route forestière 38.

 Suivre à droite la piste forestière sur environ 300 m. Arriver à un kiosque au niveau d'un virage.

 Piquer par un sentier à droite entre les goyaviers et les camphriers pour retrouver plus bas la route forestière 38. L'emprunter à droite jusqu'à la bifurcation du gîte de Basse Vallée (601 m). Le gîte se trouve sur la droite.

HISTOIRE
EDMOND ALBIUS (1825 - 1880)

Authentique inventeur, ce fils d'esclave ! Son entrée dans la vie n'est pourtant pas facile : il naît esclave et perd sa mère à la naissance.
Il arrive cependant à mettre à profit toute l'affection que son maître lui porte et la passion de celui-ci pour les plantes pour faire ce que font tous les inventeurs : apprendre, observer, voir, expérimenter, vérifier. Il a la géniale idée de rapprocher du stigmate les étamines d'une fleur de vanille : la pollinisation artificielle de la vanille était inventée.
Après l'abolition de l'esclavage en 1848, Edmond devenu Albius prend du service chez un nouveau propriétaire. Il est condamné à cinq ans de bagne pour une affaire de bijoux volés. Gracié trois ans plus tard, il retourne chez son maître et vivote. Il finit ses jours à l'hôpital communal de Sainte-Suzanne, comme il les a commencés cinquante-cinq ans plus tôt : misérablement, sans aucune reconnaissance des colons ingrats enrichis par sa découverte, et ce, malgré quelques défenseurs courageux.
Aujourd'hui, des rues et des établissements scolaires portent son nom ; les commerces étalent d'attrayants objets confectionnés avec les gousses de vanille.
La main heureuse d'un esclave a parfumé à jamais l'histoire de l'île de La Réunion.

FLEURS DU VANILLIER / DESSIN P.R.

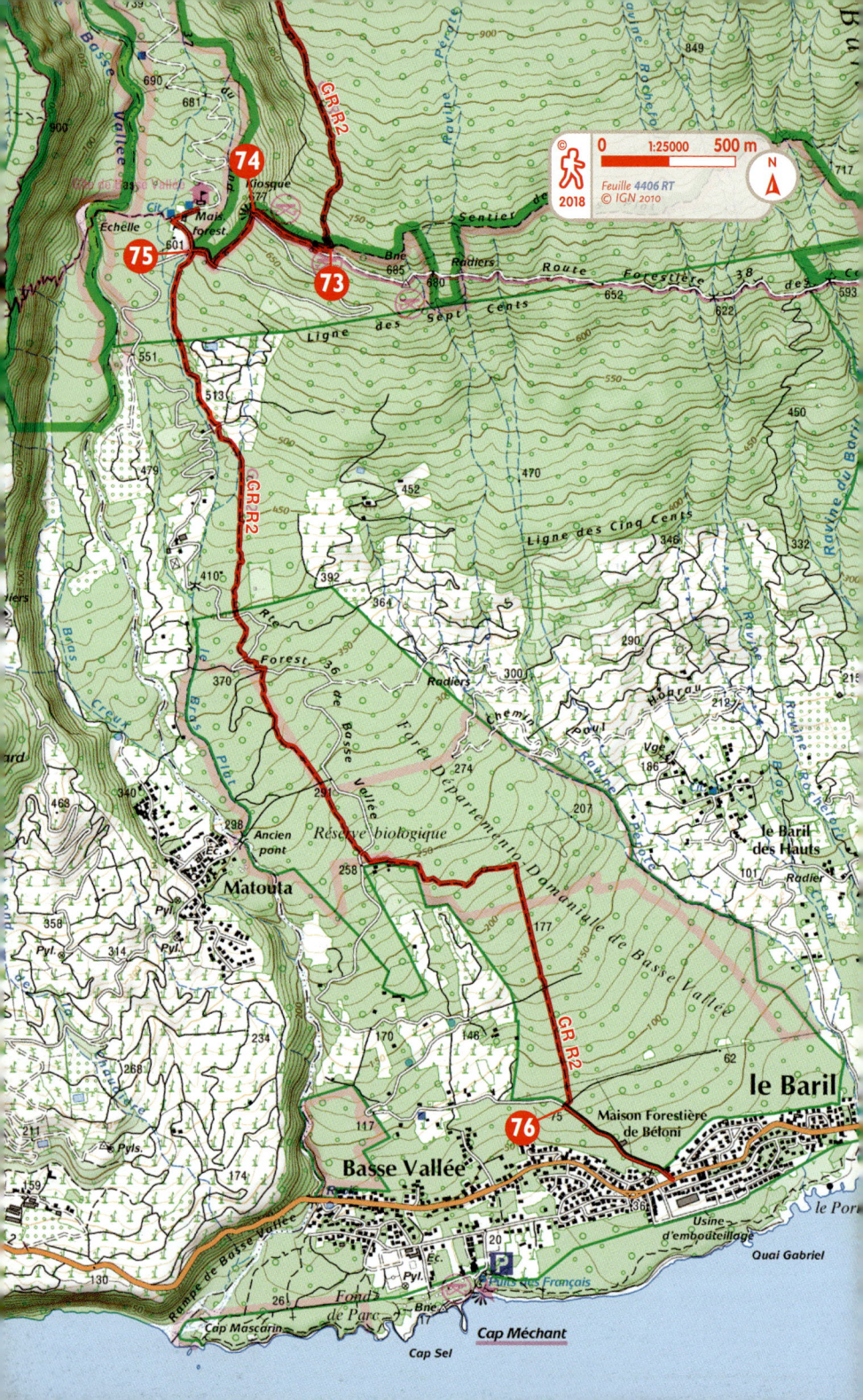

Étape n°12 / p. 138 et 139

aller : 2 h | retour : 2 h 30 | **GR® R2**

De la bifurcation du gîte de Basse Vallée à Basse Vallée

601 m
+0 m / -565 m
36 m [cumulés]

| De la bifurcation du gîte de Basse Vallée **au** village de Basse Vallée | 2 h | |

Au village de Basse Vallée >

75 De la bifurcation du gîte de Basse Vallée, prendre le sentier qui part à gauche de la ravine du bras Plat à l'ombre des jamrosats. Longer des exploitations agricoles [👁 > palmistes, agrumes] et traverser plusieurs fois la route forestière 36. Arriver à proximité d'une case (maison). Dépasser l'habitation par la gauche en reprendre la descente en pente accentuée dans une forêt de filaos.

👁 > Remarquer les troncs de filaos qui servent de tuteur au vanillier.

76 Prendre à droite un chemin d'exploitation qui débouche sur la route forestière 36. Passer devant la maison forestière de Belloni et rejoindre la N 2 près de l'église du village de Basse Vallée (36 m), terminus du sentier GR® R2, qui a traversé l'île de La Réunion du nord au sud.

GR® R2 ENTRE LE PITON TEXTOR ET LE PONT DE TRENTE / PHOTO M.C.F.S.

FAUNE ET FLORE
LA VANILLE

En provenance de Cayenne (1819) puis de Manille (1820) et enfin du jardin du Roi à Paris (1822), la vanille a été introduite à La Réunion comme curiosité au départ, puis cultivée à partir de la découverte du processus de la pollinisation artificielle.

La tige est une liane grimpante se fixant à un support avec des racines adventices. Flexueuse, avec des entre-nœuds de 15 cm environ, elle n'est pas ramifiée. La fleur du vanillier s'épanouie pendant la nuit et elle n'a qu'une courte durée de vie. La pollinisation doit se faire très tôt et exige une intervention manuelle.

L'inflorescence, une fois fécondée, porte un ensemble de fruits désigné sous le nom de « Balai ».

Un mois et demi après la pollinisation, le fruit ou « gousse » atteint sa taille définitive et, au bout d'un an, il arrive à maturité. La multiplication du vanillier se fait par bouturage (lianes de 1,50 m).

La récolte a lieu de juin à septembre à un stade de maturité qui exige un savoir en terme d'expérience, d'intelligence et de sensibilité.

La préparation passe par plusieurs phases, à savoir : l'échaudage, l'étuvage, le séchage, le triage, le calibrage, le classement et le conditionnement.

Sur quatre unités de transformation après 1945, la coopérative vanille de Bras-Panon est la seule qui subsiste et qui est devenue, en 1965, un groupement de producteurs.

La vanilline, naturellement synthétisée, entre en concurrence avec la production réunionnaise qui, reste, en terme de qualité, la meilleure du monde.

Le séchage des gousses de vanille / photo Y.L.

Plant de vanille / photo M.M.

Le sentier GR® R3
Le tour de Mafate

Caressé depuis longtemps, le rêve d'un sentier de Grande Randonnée® n°3, le sentier GR® R3, est concrétisé en 2005 par Guy-Léandre Jista, ancien président du Comité de la randonnée pédestre de La Réunion.

Long de 47,5 km, il encercle le cirque de Mafate, le plus aride et le moins accessible des trois effondrements du piton des Neiges. Il permet de labelliser des sentiers, de pérenniser des itinéraires inscrits dès lors au Plan Départemental d'Itinéraires de Promenades et de Randonnées, le PDIPR, par le Conseil général et, ainsi, de les sauver de l'abandon.

L'abrupt de la bordure de ses remparts préserve les îlets pittoresques accrochés aux maigres terres instables de ses hauts plateaux isolés. Le vécu d'antan, qu'aucune route ne vient troubler, garantit le charme de cet archipel intérieur dont le marcheur goûtera l'âpreté et l'authenticité.

La magie des panoramas depuis la Bréche, le captage des Orangers, le Bord Bazar, les canyons impressionnants dont ceux de la cascade des Trois Roches et du bras Bémale, ponctuent le trajet d'autant de flashes inoubliables.

Le sentier GR® R3 chevauche à peine le sentier GR® R1 avant Marla, et plus sérieusement le GR® R2 de Roche Plate à Cayenne.

Découpé en cinq étapes, loisir est laissé au randonneur de déterminer son rythme de parcours selon ses propres aptitudes.

Les 5 étapes du sentier GR®R3

n° 1 - Du parking du col des Bœufs à Marla / p.144 et 145	aller : 2 h 30	retour : 3 h 15
n° 2 - De Marla à Roche Plate / p.146 à 149	aller : 5 h	retour : 6 h
n° 3 - De Roche Plate à Cayenne / p.150 et 151	aller : 4 h 45	retour : 6 h 30
n° 4 - De Cayenne à l'îlet à Malheur/ p.154 et 155	aller : 3 h 50	retour : 5 h
n° 5 - De l'îlet à Malheur au parking de la RF 13 / p.156 et 157	aller : 5 h	retour : 4 h

LA DESCENTE DU SENTIER GR®R3, AU COL DES BŒUFS / PHOTO S.L.

Étape n°1 / p. 144 et 145

aller : 2 h 10   retour : 3 h 15   **GR® R3**

Du parking de la route forestière 13 du Haut Mafate à Marla

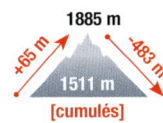

1885 m
+65 m   -483 m
1511 m
[cumulés]

⚠ **> Après le parking, il n'existe plus aucun point d'eau jusqu'à Marla. Il est fortement conseillé de se garer au parking payant gardé.**

Du parking à l'intersection avec le sentier GR® R1 — 45 min

Au parking >

❶ Au parking passer la barrière, prendre la piste en direction du col des Bœufs [👁 > 1 950 m, col artificiel ouvert en vue de la création d'une route qui aurait desservi La Nouvelle, projet abandonné]. Arrivé au col, prendre sur la gauche le sentier qui entame une descente vers le sud et gagner une intersection avec le sentier GR® R1 (1 810 m).

De l'intersection avec le sentier GR® R1 à la plaine des Tamarins — 15 min

❷ De l'intersection avec le sentier GR® R1, poursuivre la descente vers la plaine des Tamarins (1 750 m).

> Séparation avec le sentier GR® R1.

De la plaine des Tamarins à la jonction avec les sentiers GR® R1 et R2 — 1 h

❸ Traverser la plaine des Tamarins en tournant à gauche. Atteindre la mare des Serres puis le bord de la plaine [👁 > point de vue sur Marla, Grand Bénard, col du Taïbit et les Trois Salazes]. Reprendre la descente et cheminer dans un sous-bois où différentes espèces végétales se côtoient. Passer à gué la rivière des Galets naissante (1 450 m), remonter sur un petit plateau pour passer à gué le bras Machine et parvenir à la jonction avec les sentiers GR® R1 et R2 venant de La Nouvelle [👁 > stèle Joset Ethève] (1 500 m).

De la jonction avec les sentiers GR® R1 et R2 à Marla — 30 min

À Maison Laclos (Marla) >

À Marla >

De la jonction avec les sentiers GR® R1 et R2, rejoindre en face le lieu-dit Maison Laclos (1 511 m).

❹ Continuer dans la même direction vers Marla. Passer à gué la ravine Kerval. À Maison Laclos, laisser à droite le sentier qui part vers la Nouvelle. Passer devant une chapelle puis continuer la montée pour arriver au centre de l'îlet Marla (1 600 m).

> Séparation avec les sentiers GR® R1 et R2.

Étape n°2 / p. 146 à 149 | aller : 5 h | retour : 6 h | GR®R3

De Marla à Roche Plate

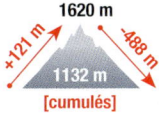

⚠ > De Marla à Roche Plate il n'existe plus aucun point d'eau. Entre les points ❺ et ❻, bien suivre tout droit le GR® R3 en ignorant les cheminements partant vers des gîtes.

De Marla à Trois Roches   2 h

❺ À Marla, prendre à droite en direction de Roche Plate et, environ 400 m plus loin, parvenir à une intersection de sentiers.

❻ Bifurquer à droite puis descendre la paroi abrupte jusqu'à la rivière des Galets (1 333 m). La traverser à gué une fois puis la longer en rive droite.

❼ Laisser sur la droite le sentier qui monte en direction de la plaine aux Sables. Filer tout droit et atteindre Trois Roches (1 220 m).

> De Marla à Trois Roches, pour profiter au mieux des attraits paysagers, l'option GR®R1 et GR®R2 par la Passerelle (stèle Joset Ethève), le Bord de Mars et la variante Plaine aux Sables, peut être envisagée. Compter environ 1 h de plus.

Un passage à gué de la rivière des Galets / photo S.L.

Étape n°2 : de **Marla à Roche Plate**

De **Trois Roches à Roche Plate**   3 h

À Roche Plate >

8 À Trois Roches, traverser à gué la rivière des Galets le plus loin possible des larges dalles de basalte lisses et glissantes (⚠️ **> cette information tient lieu d'avertissement pour éviter tout risque de chute dans le gouffre profond de 80 m).**
Le sentier s'écarte de la rivière puis emprunte le lit de la ravine Chevaquine avant de monter à droite au pied du Rempart. L'itinéraire le longe sur un peu plus de 500 m, puis descend à Roche Plate (1 132 m).

> Jonction avec le sentier GR® R2. Les deux itinéraires sont communs jusqu'à Cayenne.

GÉOLOGIE
LES TROIS ROCHES

Passage obligé du sentier GR® R3, les Trois Roches sont l'un des sites grandioses de la rivière des Galets. La présence d'énormes blocs montre la puissance du cours d'eau. Agée de plus de 12 500 ans, issue des profondeurs de la terre, la dalle, autrefois recouverte de rochers volcaniques, a été érodée. La roche dure et imperméable, provenant d'un dyke couché, empêche la rivière de creuser plus profondément. Passée cette barrière naturelle, un canyon impressionnant de quelques 80 m de profondeur a été sculpté par les flots. **Il est très fortement déconseillé de s'approcher du bord du gouffre, le basalte est très glissant par temps humide.**

LE SITE DES TROIS ROCHES / PHOTO S.L.

Étape n°3 / p. 150 et 151

aller : 4 h 45 **retour : 6 h 30** **GR® R3**

De Roche Plate à Cayenne

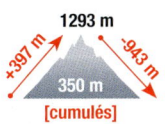

De Roche Plate à l'îlet des Orangers — 2 h

À l'îlet des Orangers >

9 À Roche Plate, prendre la direction de la Brèche (1 293 m).

10 Laisser sur la gauche le sentier qui monte au Maïdo pour prendre la direction de l'îlet des Orangers. Descendre vers la ravine Grand-mère (1 039 m) à parcourir sur environ 500 m. Après la traversée de la ravine Maïdo (898 m), grimper sur le promontoire supportant l'îlet des Orangers (993 m).

De l'îlet des Orangers à l'intersection Canalisation des Orangers/Les Lataniers — 30 min

11 Traverser l'îlet des Orangers pour engager une descente vers la ravine des Orangers (866). Dépasser le captage des Orangers et continuer tout droit.

12 Laisser à gauche le sentier de la Canalisation des Orangers, descendre à droite avec précaution en direction de l'îlet des Lataniers et parvenir à une intersection qui mène à droite vers l'îlet des Lataniers *(à découvrir éventuellement)* et à gauche la continuité du GR®R2 et GR®R3.

> **Hors GR® > pour l'îlet des Lataniers** 5 min
> Suivre le chemin à droite.

De l'intersection Canalisation des Orangers/Les Lataniers à Piton Tortue — 1 h 30

13 À la jonction du sentier qui mène à l'îlet des Orangers, continuer à progresser vers la Rivière des Galets [> point de vue imprenable au départ d'une descente abrupte].

14 Franchir la passerelle et, après un raidillon, le sentier fait jonction avec une variante qui débouche de la Rivière des Galets.

15 De là, continuer tout droit jusqu'au Piton Tortue (500 m)

Du Piton Tortue à Cayenne — 45 min

À Cayenne >

> Cayenne : terminus de la D 2 empruntée à l'époque par les charrettes. De là partaient les curistes en chaise à porteurs en direction des thermes de Mafate-les-Bains.

16 À l'intersection au pied du piton Tortue, tourner à droite pour monter jusqu'à Grand-Place Cayenne (663 m).

HISTOIRE
Cayenne

Tous les lieux-dits « Cayenne » ont la même histoire et orignе. L'exploitation des routes départementales était confiée à des agents des Ponts et Chaussées (actuelle DDE, Direction Départementale de l'Équipement).
« L'entretien des routes royales par des cantonniers est nécessaire. Or dans l'atelier colonial (des prisons) se trouvent « des Noirs intelligents et de bonne conduite ». Encadrés par des agents spéciaux de condition libre placés sous la direction des ponts et chaussées, ils entretiendront ces voies, pourvus du matériel, des matériaux, de la nourriture et de l'habillement (un chapeau) nécessaires. Une gratification de 10 centimes par jour et une ration d'arak dépendront de la décision mensuelle du conseil de discipline. Ils seront logés dans une cabane placée au centre et sur le bord de la portion de route confiée à leurs soins. »
Ainsi le stipule l'arrêté qui crée l'établissement de cantonniers sur les routes royales, signé au nom du roi par le gouverneur de l'île Bourbon, Jean Cuvellier, en vertu de l'article II de la loi du 24 avril 1833, le 3 mars 1834.

GÉOGRAPHIE
Les îlets

Parfois orthographié « ilette » dans les livres, le mot désigne un petit plateau perdu dans un relief accidenté. Relativement inaccessible, l'îlet devint le lieu de refuge indiqué des Noirs marrons. La possibilité de construire et de cultiver ces moindres lopins a été déterminante dans le peuplement de ces lieux inhospitaliers. D'ailleurs, de petits Blancs, ruinés, allèrent aussi s'y installer après l'abolition de l'esclavage.

Donner à l'îlet la signification de petite île serait franchement abusif. Une certaine insularité s'en dégage cependant, car il est souvent perché entre deux ravines, cours d'eau ou effondrements qui renforcent l'isolement de ses habitants, comme pour l'îlet aux Orangers. Si beaucoup de ces îlets sont aujourd'hui désenclavés par des chemins entretenus, d'autres, par contre, ont été désertés.

Sentier fleuri à Îlet à Malheur / photo M.M.

Îlet à Malheur (Mafate) / photo M.M.

Étape n°4 / p. 154 et 155   aller : 3 h 50   retour : 5 h   **GR®R3**

De Cayenne
à l'îlet à Malheur

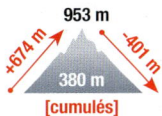

De Cayenne à une intersection avec le sentier GR® R2 — 1 h 15

De Cayenne, revenir sur ses pas jusqu'au repère **16**, à l'intersection des sentiers.

> Séparation avec le sentier GR® R2.

16 Continuer en face au pied du piton Tortue, en surplomb de la rivière des Galets. L'itinéraire descend au bras d'Oussy ; franchir la rivière par une passerelle et remonter en face.

17 À une fourche, prendre le chemin de droite et atteindre une intersection avec le sentier GR® R2 (500 m).

> Jonction avec le sentier GR® R2. Les deux itinéraires sont communs jusqu'à la Plaque.

De l'intersection avec le sentier GR® R2 à Aurère — 1 h 50

À Aurère >

18 À l'intersection avec le sentier GR® R2, « bek à droite » (prendre à droite) le sentier au pied du piton Cabris jusqu'à Bord Bazar « sans perd' l'air » (sans perdre son souffle) (953 m).

19 Négliger le sentier de droite en direction de l'îlet Sud. Continuer la progression à gauche et gagner Aurère (926 m).

D'Aurère à l'îlet à Malheur — 45 min

À l'îlet à Malheur >

20 À Aurère, virer à droite après le dispensaire.

21 Au niveau du camping, point de vue sur îlet Jardin, îlet Bélou et le bras Bémale. Atteindre une intersection de sentiers.

22 Prendre à droite celui qui serpente entre les filaos, avant de descendre en pente douce dans une plantation de chouchou. Arriver à une nouvelle intersection, descendre rapidement dans l'impressionnant canyon du Bras Bémale. Le franchir par la passerelle et remonter par la droite à l'îlet à Malheur (859 m).

Étape n°5 / p. 156 à 157

aller : 5 h   retour : 4 h   GR®R3

De l'îlet à Malheur au parking de la route forestière 13

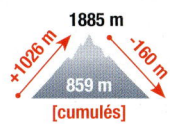

⚠ > « Oté, de l'eau, n'avé, là pi » (De l'eau, il y en avait, il y en n'a plus). Et ce, jusqu'à la fin de l'étape.

De l'îlet à Malheur à la Plaque — 30 min

23 Terminer la traversée du petit plateau de l'îlet à Malheur puis franchir la ravine Jozon. Dépasser l'îlet à Malheur les Hauts et atteindre la Plaque (877 m).

> Séparation avec le sentier GR® R2 qui part à droite vers l'îlet à Bourse.

De la Plaque au plateau de la Sale — 2 h 10

24 À la Plaque, sur la gauche, débuter la dure montée du sentier Scout. Après le captage Grimaud et la pente Gardien, des lacets permettent d'atteindre le Grand Rein et son arrête (1 500 m).

👁 > Un agréable sous-bois aux espèces primaires et endémiques atténue les difficultés de l'ascension. Une signalétique facilite la reconnaissance des espèces.

L'itinéraire arrive alors sur le plateau de la Sale (1 512 m) puis à une bifurcation.

Du plateau de la Sale au parking de la route forestière 13 — 2 h 20

25 Du plateau de la Sale, partir sur la droite, dépasser la crête des Deux Fesses, puis monter à gauche pour rejoindre la route forestière 13.

26 La descendre à droite sur environ 100 m, en direction de la plaine des Merles, et atteindre un virage (1 628 m).

> Jonction avec le sentier GR® R1 venant du Bélier.

27 Quitter la route pour un sentier à droite ; il contourne la base du piton Marmite. Traverser une plantation de cryptomérias et déboucher sur une piste forestière.

> Séparation avec le sentier GR® R1.

28 Prendre à droite jusqu'à une bifurcation (1 820 m).

29 Virer à gauche puis à droite pour retrouver le parking sur la route forestière 13.

Investissez dans la PIERRE

Balisage, entretien, sauvegarde
des sentiers de Grande Randonnée

**FAITES UN DON
sur mongr.fr**

RÉALISATION

✓ Cette nouvelle édition du topo-guide a été réécrite par le Comité de Randonnée Pédestre de La Réunion (le C.R.P.R.) et réalisé par la Fédération française de la randonnée pédestre (la FFRandonnée).

✓ Nous remercions le Département de La Réunion et l'Office National des Forêts (l'ONF) pour leur action en faveur de l'aménagement, de l'entretien et de la gestion des sentiers de l'île de La Réunion.

✓ Ce topo-guide, dont c'est la septième édition, a été réalisé initialement par Guy-Léandre Jista, Eliette et Jean-Noël Gigan, Laurence Corré, Michèle Marty et Jullian Robert. Les aménagements apportés à cette nouvelle édition ont été faits par Christian Schublin, Annie Marimao, Max Hébert, Louis Lin, Elisabeth Mondia et le secrétariat du Comité de Randonnée Pédestre de La Réunion.

✓ Les photos sont de Serge Leplege (S.L.), Guy-Léandre Jista (G-L.J.), Dominique Gengembre (D.G.), Yves Lespérat (Y.L.), Guy Étasse (G.E.), Jullian Robert (J.R.), Jean-Noël Gigan (J.-N.G.), Michel Chong Fah Shen (M.C.F.S.), ITR/Emmanuel Virin (ITR/E.V), Matthieu Molin (M.M.), Rubens Ifiantepia (R.I.), Elisabeth Mondia (E.M.) et de l'Office national des forêts (ONF).

✓ Les dessins naturalistes sont de Pascal Robin.

✓ Responsable de la production éditoriale : Isabelle Lethiec. Développement et suivi des collectivités territoriales : Patrice Souc, Sabine Guisguillert. Secrétariat d'édition : Nicolas Vincent, Marie Fourmaux, Séverine Chesseboeuf, Émeline Leduc. Cartographie : Olivier Cariot, Frédéric Luc. Mise en page et suivi de fabrication : Jérôme Bazin, Marine Leroux, Leïla Frat. Lecture et corrections : Nadine Vincent, Philippe Lambert, Didier Babin, Christine Pousse, Michèle Rumeau, Pierre-Louis Durand, Éric Chesney. Création maquette et design couverture : MediaSarbacane.

Les itinéraires de randonnée pédestre connus sous le nom de « GR », jalonnés de marques blanc-rouge, sont une création de la FFRandonnée. Ils sont protégés au titre du code de la propriété intellectuelle. Les marques utilisées sont déposées à l'INPI. Nul ne peut en disposer sans une autorisation expresse. Sentier de Grande Randonnée, Grande Randonnée pays, Promenade & Randonnée, Rando-citadines, À pied en famille, Les Environs de… à pied, Sentiers des patrimoines, Week-ends Rando, Randofiche, sont des marques déposées, ainsi que les marques de couleur blanc-rouge et jaune-rouge. Les extraits de cartes figurant dans cet ouvrage sont la propriété de l'Institut géographique national. Toute reproduction est soumise à l'autorisation de ce dernier.

Cette opération a été réalisée grâce au concours financier du Parc national de La Réunion et de la Fédération française de la randonnée pédestre.

INDEX

GÉOGRAPHIQUE

A
Aurère, 89, 155
B
Basse Vallée, 139
Bélier (Le), 65
Bloc (Le), 53, 107
Bourg Murat, 117
Brûlé (Le), 73
C
Cayenne, 151
Cilaos, 53, 105
Cratère Bory, 125
D
Dos d'Ane, 85, 87
F
Fourche (col de), 63
G
Gîte de Basse Vallée, 137
Gîte de Bélouve, 47
Gîte de la caverne Dufour, 49, 107
Gîte de la Roche Écrite, 79, 83
Gîte du Volcan, 123, 125
Grand-Îlet, 65
Grand-Place, 91
Grand-Sable, 67
H
Hell-Bourg, 47, 69
I
Îlet à Bourse, 91
Îlet à Malheur, 91, 155
Îlet des Lataniers, 95, 151
Îlet des Orangers, 95, 151
M
Mamode Camp, 75
Marla, 59, 101, 145
N
Nouvelle (La), 61, 99
P
Piton de la Fournaise, 125
Piton de Bois Vert, 131
Piton des Herbes Blanches, 119
Piton des Neiges, 109
Piton Rouge, 129
Piton Tortue, 95, 151
Plaine des Tamarins, 63, 145
Plaque (La), 91, 157
Porte (La), 87
Providence (La), 73
R
Rivière des Galets, 99
Roche Écrite, 81
Roche Plate, 95, 149
S
Sainte-Thérèse (oratoire), 121
T
Taïbit (col du), 59
Trois Roches, 147

THÉMATIQUE

FAUNE ET FLORE
Les tamarins, 79
La bibe, 85
Les papillons, 87
Le pétrel de Barau, 105
La végétation, 111
Le chouchou, 117
Le goyavier, 119
La vanille, 140

MILIEUX NATURELS
La Roche Écrite, 75
Le Parc National de La Réunion, 96
L'instalation de la forêt de bois de couleurs, 115

HISTOIRE
Hell-Bourg, 49
Les jours de Cilaos, 53
Cilaos, 54

Marla, 59
La Nouvelle, 63
Grand Sable, 67
Le cirque de Salazie, 81
Le lieu-dit Mafate, 99
François Mussard, 110
Enchaing, 129
Edmond Albius, 137
Cayenne, 152

PATRIMOINE BÂTI
La route des Tamarins, 92

GÉOGRAPHIE
Le massif du Piton-des-Neiges, 50
Kerval, 55
Le Barachois, 73
Les îlets, 152

GÉOLOGIE
Les quatre phases d'identification du piton des Neiges, 51
Le piton de la Fournaise, 126
La Fournaise, spectacle intense, 131
Les éruptions du Tremblet, mars 1986, 132
Les Trois Roches, 149

ASTRONOMIE
Le ciel de La Réunion, 135

7e édition : juin 2018 - ISBN 978-2-7514-0983-7
© Fédération française de la randonnée pédestre 2018
© IGN 2018 – Dépôt légal : juin 2018
Achevé d'imprimer en France sur les presses de Corlet (Condé-sur-Noireau)
selon les normes de la certification PEFC®